U0870367

含章
新实用

阅读图文之美 / 优享健康生活

图解正宗陈氏太极拳基础入门

陈 炳 著

江苏凤凰科学技术出版社 · 南京

图书在版编目（CIP）数据

图解正宗陈氏太极拳基础入门 / 陈炳著 . — 南京：
江苏凤凰科学技术出版社，2023.2

ISBN 978-7-5713-3317-1

Ⅰ . ①图… Ⅱ . ①陈… Ⅲ . ①陈式太极拳—图解
Ⅳ . ① G852.11-64

中国版本图书馆 CIP 数据核字（2022）第 226743 号

图解正宗陈氏太极拳基础入门

著　　者	陈　炳
责任编辑	汤景清
责任校对	仲　敏
责任监制	方　晨
出版发行	江苏凤凰科学技术出版社
出版社地址	南京市湖南路 1 号 A 楼，邮编：210009
出版社网址	http：//www.pspress.cn
印　　刷	天津丰富彩艺印刷有限公司
开　　本	718 mm × 1 000 mm　1/16
印　　张	11
插　　页	1
字　　数	207 000
版　　次	2023 年 2 月第 1 版
印　　次	2023 年 2 月第 1 次印刷
标准书号	978-7-5713-3317-1
定　　价	48.00 元

1998 年全国武术锦标赛
冠军奖励证书

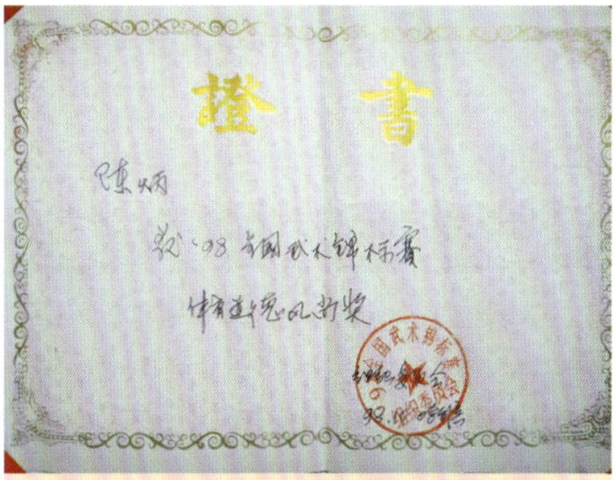

1998 年全国武术锦标赛
体育道德风尚奖证书

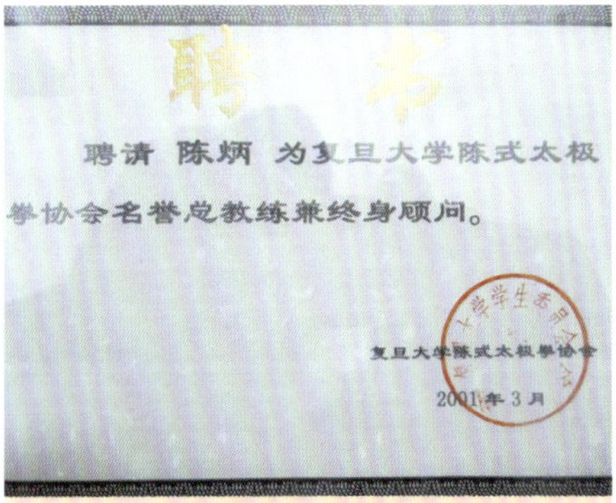

复旦大学陈氏太极拳协会
聘请陈炳为终身顾问

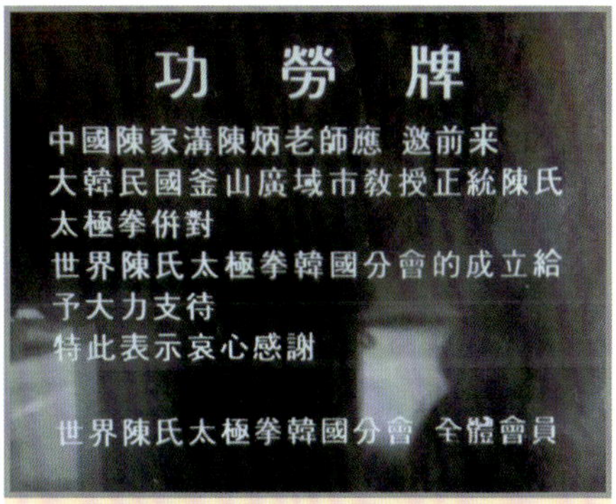

世界陈氏太极拳韩国分会
赠送陈炳功劳牌

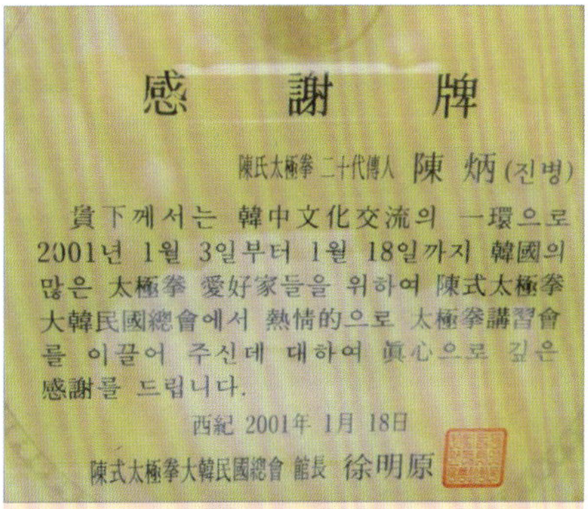

韩国陈氏太极拳总会
赠送陈炳感谢牌

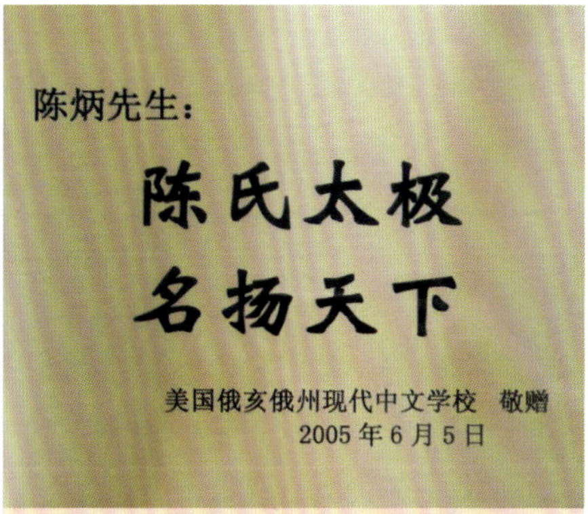

美国俄亥俄州现代中文学校
赠送陈炳匾额

American Chen Taiji Society

美國陳式太極拳聯會

Certificate of Appreciation

太極大師陳炳老師惠存：

寓剛于柔
太極揚威

美國陳式太極拳聯會敬贈

西元二零零五年春
美國舊金山
San Francisco, California
Spring, 2005

Anthony Waiyi Wong, President

美国陈氏太极拳联会
为陈炳题字

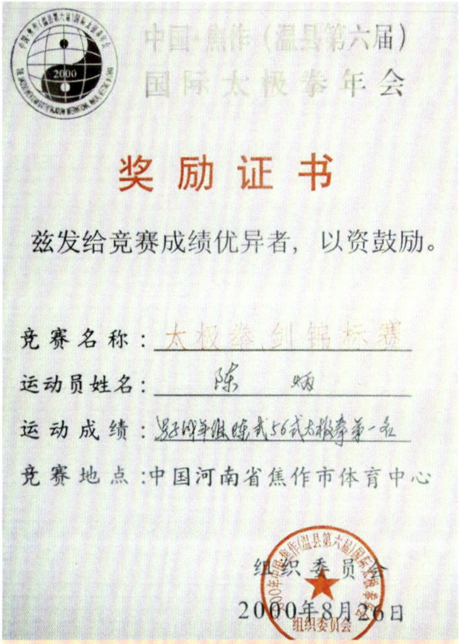
中国·焦作（温县第六届）
国际太极拳年会

奖励证书

兹发给竞赛成绩优异者，以资鼓励。

竞赛名称：太极拳、剑锦标赛
运动员姓名：陈炳
运动成绩：男子成年组陈式56式太极拳第一名
竞赛地点：中国河南省焦作市体育中心

组织委员会
2000年8月26日

中国焦作（温县第六届）
国际太极拳年会奖励证书

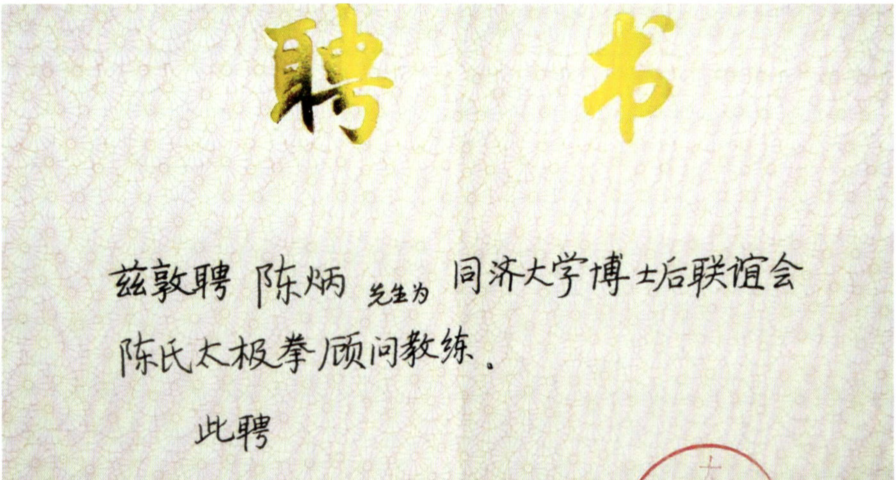
聘书

兹敦聘 陈炳 先生为 同济大学博士后联谊会
陈氏太极拳顾问教练。

此聘

同济大学博士后管理办公室
2005年7月4日

同济大学博士后联谊会聘请陈炳为顾问教练

陈氏太极拳始祖——陈王廷

左起：陈照旭（陈家沟陈氏十八世，陈氏十七世陈发科次子）

陈发科（陈氏十七世，陈氏十四世"牌位大王"陈长兴曾孙）

陈豫侠（陈氏太极拳陈发科之女）

名门之秀：陈氏太极拳第十九世掌门人陈小旺和他的子侄们在黄河滩合影

左起：陈自强、陈自军、陈炳、陈小旺、陈军、陈迎军

陈炳（前排左四）在欧洲与太极拳爱好者交流，集体合影留念

陈炳（摄于青海湖）

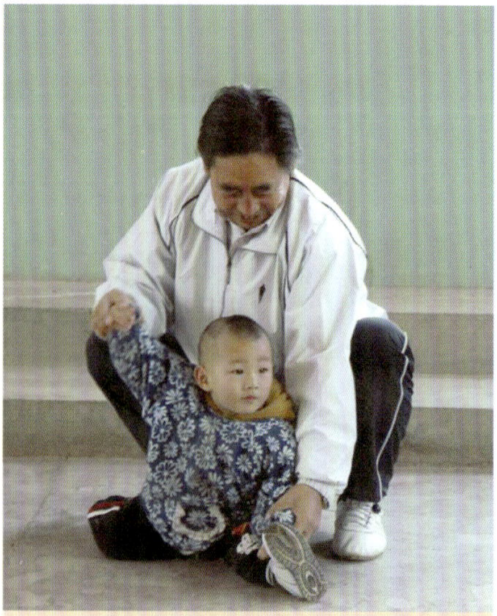

陈氏太极拳代代传承
图为陈小星大师教陈绍桐（陈炳之子）练习太极拳

太极拳基础入门，从这里开始

目前世界上有一亿多人在练习太极拳。然而，不少人坚持练习了一辈子，仍游离于太极拳的“门外”，这是什么原因呢？因为没有“名师”的引路和指点。

我与陈炳师傅相识多年，也经常去陈家沟向他请教。陈炳师傅出生于太极拳世家，是当年威震京城的太极宗师陈发科的曾孙、陈氏太极拳第十二代嫡宗传人，现任陈家沟国际太极院院长、陈家沟太极拳协会会长。

陈炳师傅自幼随叔父陈小旺、陈小星练习家传功夫，他天赋过人，加上勤学苦练，尽得陈氏太极拳的衣钵真传。陈炳师傅曾获得三次全国武术太极拳锦标赛推手冠军、五次河南省太极推手冠军、五次国际太极拳年太极推手冠军，还曾荣获全国武术锦标赛体育道德风尚奖等。

陈炳师傅不仅有一身炉火纯青的太极拳功夫，还是陈家沟为数寥寥的、受过系统体育高等教育的新一代拳师，拥有渊博的学识。

早在1999年于上海读大学期间，陈炳师傅就在复旦大学发起并成立了太极拳协会，为陈氏太极拳在上海高校的发展奠定了基础。后来，他创建了陈家沟第一个非营利性太极拳网站，拉近了陈家沟与世界的距离。

自1999年以来，他先后受到日本、韩国、美国、法国、意大利、德国、奥地利、西班牙和瑞士等十几个国家的邀请，到国外讲学传艺。所到之处，人们无不为他高尚的德行、高超的技艺和深厚的功夫所折服。

2007年，陈炳师傅自筹资金，创办陈家沟国际太极院，并且在太极院成立太极基金会，扶助村里品学兼优的贫穷儿童，帮助村里的孤寡老人，资助因病致残的困难家庭，甚至帮助当地派出所调解平息村民间的矛盾。

2008 年汶川大地震发生时，陈炳师傅正在美国讲学，虽然他身在异乡，但心一直牵挂着灾区人民。他在美国的十多个城市巡回义演太极拳四十多场，为汶川灾区募集善款十万元。回国后，他第一时间赶到灾区，捐款捐物之后，又领养了一名灾区孤儿。我曾经将此事讲给我的一位作家朋友，他感动之余说了这样一段话："只有陈炳师傅这样的人，才能有真正的功夫。高尚的德行、慈悲的胸怀，这才是功夫的出发点和目的地。"

2011 年 7 月，陈炳师傅被评为"感动温县十大人物"，人们送给他的颁奖词为：真正的武者，当具君子之儒，兼侠者之风，亦刚亦柔。作为一个被太极浸润多年的高手，他拥有的不仅是精湛的拳技，更练就了武者的佛心，如遗落于尘世的璞玉，散发着独有的人格魅力。

陈炳师傅不仅在生活中的品行值得人们称赞，还在教学中敢于真传、乐于真传，是全国闻名的陈氏太极拳"名师"。我钦佩于他的教学有方，更敬佩他敢于真传的勇气。很多人不敢真传，这有多方面的原因，其中之一便是自信心不足——敢于真传，靠的是真功夫的底气啊！

这次，陈炳师傅的新作《图解正宗陈氏太极拳基础入门》无疑是带给广大太极拳爱好者的一个福音。书中讲述的"陈氏太极放松功"可谓独辟蹊径，阐明了太极拳的核心要领；"陈氏太极基本功"字字珠玑，直指太极功夫的实质；"陈氏和谐太极十三式"更是太极拳的入门精华所在。早在 2009 年，我第五次去陈家沟时就曾建议陈炳师傅整理陈氏太极拳内功的书稿。现在陈炳师傅拨冗完成大作，并邀请我作序，我深感荣幸。这是太极拳界的幸事，也是武术界的喜事，相信广大太极拳爱好者能够从中受益。同时也期待着陈炳师傅为武术界贡献出更多的陈氏太极拳秘籍，以满足人们对太极拳的需求与喜爱。

江苏省项羽文化研究会 王冬

写给所有太极拳爱好者

太极拳是我们中华民族优秀传统文化的重要组成部分，是中华武术的一枝奇葩，它高深的哲理、高超的技击艺术以及怡情养性的健身效果，毫无疑问，已被全世界中华武术爱好者认同。

在传统武术中，太极拳虽然只是一种拳术，但对那些对太极哲理有所了解、已迈进太极殿堂的太极拳爱好者来说，不管他们在练习太极拳的路上已经走了多久、多远，相

信大家都不会否认，太极拳是有别于其他运动项目的。这种区别，不仅仅在于太极拳是一种可以活到老、学到老、练到老的运动方式，还在于它是一项需要德艺双修才有望接近成功的运动技艺。

在太极拳长期的历史发展中，许多名家著书立说，留下了不少宝贵的经验和良好的锻炼方法，并由此创立了许多流派。而知名的陈氏太极拳就采取阴阳学说，以动静开合之理与刚柔虚实之法，为轻沉迟速互练之术；拳势动作，均以螺旋进退，称缠丝劲，为陈氏独创之奥秘，世代口口相传。

从古到今，太极拳一直顺应时代的发展而不断完善，简单、易学、科学、健康是未来太极拳发展的主流方向，也是传统文化推广普及所要做的必要调整。在二叔陈小旺大师的指点下，现将陈氏和谐太极十三式奉献给大家，让没有太极拳基础的初学者也能在几天的时间里学会并记住一套太极拳，让大家能在三四分钟的整套演练过程中体会到身心同修的奇妙太极。

陈氏太极拳主讲“柔”，而我在教拳的过程中经常发现，许多太极拳爱好者的身体不能放松，达不到练习陈氏太极拳的要求。所以我针对初学太极者心浮气躁、不能放松的情况创编了一套陈氏太极拳放松功法。本套功法有三个特点：第一，动作简单、易学；第二，身心同修；第三，易松、易静、易柔。

另外，学习太极拳尤为重要的，当属陈氏太极拳基本功了。这套太极拳基本功是前辈们在教学授徒过程中总结出来的一套特点性动作，是帮助太极拳爱好者快速了解和掌握太极拳的一把“金钥匙”。所以我特别想告诉读者的是，只有练习好太极拳基本功，才能真正掌握其真谛。

希望本书介绍的既简单又实用的太极功法能够引领大家去发现太极的道门，为大家的太极拳今后能登堂入室开启一扇小窗，这是我创作此书的目的和心愿。

受水平局限，书中难免有错误之处，诚祈前辈老师、学友同人批评指正，这将是对我最大的鼓励！

陈炳

目录

第一章 陈氏太极拳的传奇故事

第二章 走进陈氏太极拳

第三章 陈氏太极放松功

第四章 陈氏太极基本功

第五章 陈氏和谐太极十三式

第一章

陈氏太极拳的传奇故事

我们看过太多的武侠小说，也幻想过太多的江湖传奇。或许，荣誉的最高境界就是：你不在江湖，但江湖上依然有你的传说。中华武术博大精深，中华文明的传奇故事更是数不胜数。在这里，我们将随着时间的脚步，在太极拳的文化中领略陈氏太极拳的风采。

陈卜：独闯县衙救贫女

传说明洪武二年（1369年），在山西洪洞县有一个名叫张丰的农民，因为家贫，妻子死后，他不得不找本村财主王安福借了五两纹银的“高利贷”作为安葬费。没想到三年之后，这五两银子利滚利，变成十八两，张丰自然是无力偿还。

于是，王安福就“很好心”地给张丰出了个“主意”，让张丰的女儿嫁入他家做儿媳妇。原来，张丰有个女儿，名叫张妞，虽然衣着寒酸，但模样十分俊俏。而王安福的二儿子是一个傻子，那真的是“傻得有才”，吃饭不知饥饱，睡觉不知颠倒，整天灰头土脸的。张丰自然不忍心将女儿往“火坑”里推，于是，拒绝了这门亲事。

王安福见张丰不答应也并不着急，悻悻而去。过了不到两日，衙门突然来人将张丰父女带上公堂。原来，洪洞县县太爷是王安福的拜把子兄弟，他想借助官府的势力，强迫张丰就范。升堂那天，洪洞县县衙门口聚集了很多“不明真相”的围观百姓，大家都想看看县太爷如何审理此案。

县太爷装腔作势地审问了一番，突然惊堂木一拍，宣判因张丰无力偿债，所以必须将女儿嫁给王安福的二儿子为妻，从此人财两清、互不纠缠。堂下百姓一片哗然，张丰自然不肯服判，却又无可奈何，只得死死地护住女儿。

王安福使了个眼色，周围的手下立马上前抢人，在公堂之上公然对张丰拳打脚踢。围观百姓怒而不敢言，眼看张丰之女就要落入奸人之手。“放开他们！”随着一声大喝，只见一人拨开众人，闯进公堂。这人身高六尺有余，怒目圆睁，身上的肌肉如铁打般。衙役们见到有人胆敢阻止他们的“好事”，当即抽出刀来，想给那“大胆”之人一点儿教训，可转眼间，众人还没看明白那位壮士用的是什么武功，周围的衙役就全部躺在地上哀号。

县太爷毕竟是见过世面的人，壮着胆子问那壮士想如何，只见那壮士拱手笑道：“明人不做暗事，俺叫陈卜。欠债还钱，天经地义，不知道这笔钱可否由我来偿还？”

堂下众人一听这人就是陈卜，不由得欢呼起来。因为大家早就听说过陈卜这个人，他不仅武功高强，而且为人和善，虽然迁来洪洞县不久，却好打抱不平、扶弱抑强，做了不少善事。见此情景，县太爷暗忖，来者不善，如若按王安福的想法硬逼张丰就范，此人手段厉害，势必不肯罢休，况且陈卜的话句句在理，事已至此，也只好依其所言，也显得为官公正。

陈卜从朋友手里凑齐十八两银子，丢在王安福面前，拉起张丰父女一起离开了县衙大门。围观百姓无不拍手称快。

陈卜大闹县衙，解救了张丰父女，县太爷一直怀恨在心。不久，恰好朝廷下旨要求移民，县太爷便急忙将陈卜圈入迁民之列。正所谓“塞翁失马，焉知非福也”，正因为陈卜被移民，才有了后来的陈家沟，才有了更多关于陈氏家族的传奇故事，才有了现在流传于世界的陈氏太极拳。

陈王廷：引经据典，创编太极拳

据《陈氏家谱》记载，太极拳的创始人是九世祖陈王廷。在他遗留下来的名叫《叙怀》的长短句中这样记载：

“叹当年，披坚执锐……几次颠险，蒙恩赐，枉徒然！到而今，年老残喘，只落得《黄庭》一卷随身伴。闷来时造拳，忙来时耕田，趁余闲，教下些弟子儿孙，成龙成虎任方便……”

闷来时造拳，这里的“拳”便是太极拳。

陈王廷天资聪慧，自幼勤奋好学，不仅深得家传武艺，而且熟读诸子百家，是个文武双全的人才。明朝末年，陈王廷以武秀才的身份参加乡试考武举。校场上，他张弓满月，一马三箭，三马九箭，射了个“凤夺巢”。所谓“凤夺巢”，就是第一箭射中靶心后，第二箭从靶心挤出第一箭，第三箭又挤出第二箭，像鸟儿夺巢一样。

陈王廷的高超武艺博得满堂喝彩，但实力抵不过“暗箱操作”，负责擂鼓报靶的鼓吏因受人贿赂，只擂了3通鼓，表示9箭只中了 3 箭，主考官凭鼓声记分，即以3箭论之。陈王廷气愤不过，提剑刺死鼓吏，逃出了校场。

随后，陈王廷投奔在嵩山“立竿起义”的好友李际遇。后来，李际遇事败被杀，陈王廷才归隐故里。

清顺治年间，陈王廷曾入乡学为文庠生，因为时运不济，他始终没能走上仕途。于是他就断了考科举的念头，匿伏在陈家沟，立志造拳传世。或许是冥冥之中天注定，现在看来，如果当年九世祖陈王廷真的走上了仕途，可能在现代中国武术史上就永远没有陈氏太极拳。

陈王廷在创造太极拳时，参阅了大量的资料和典故，其中对他影响最大的是明朝著名的抗倭英雄戚继光。当年戚继光将军为了训练士卒，收集了大量的民间武术，从民间盛行的16家拳法中，吸取32个姿势编成套路，称作“拳经三十二势”，作为士兵练习刀枪剑棍的“武艺之源”。

陈王廷在创立太极拳时，从戚继光的“拳经三十二势”中吸取了二十九势，并结合

祖传拳术进行了大胆的创新和改良，还根据《河图》《洛书》等书籍中的太极阴阳八卦学说，与引导、吐纳及中医经络学说相结合，融众家之长，创编出一种阴阳开合、虚实转换、刚柔相济、快慢相间的太极拳术。正是这些博大精深的学说，赋予了太极拳深厚的内涵，让太极拳在历史的长河中经久不衰。

陈恂如：夜破匪帮智当先

自九世祖陈王廷创编太极拳后，陈氏家族拳风日盛，历久不衰。十一世祖陈恂如、陈申如是一对孪生兄弟，在十世祖陈所乐的传授下，深得太极的精义要旨，人称“大天神”和“二天神”。

在陈家沟东面4千米的北平皋村，有个富户叫王遴，据说他们家有5间楼房，登楼可望数十里，远近闻名，王家的金银财宝都藏在这栋楼里。为防土匪和盗贼，王家的大门外都裹着铁皮，院内还设有陷阱。

清康熙年间，一伙土匪闯入北平皋，自称“山东响马由晋返鲁，便道而来，向王遴借数件古玩珍品，以备欣赏”。王遴自知不敌，一面把土匪请进家中款待，一面秘密差人赴陈家沟请十世祖陈所乐解救。

当时，陈所乐外出未归，而年仅15岁的陈恂如、陈申如两兄弟不谙世故，凭着“初生牛犊不怕虎”的气概，慨然应允。

当夜，两兄弟每人腰间别一根白蜡杆，趁着夜色潜入王家，正好看到那帮恶徒在酗酒。二人飞身入室，挥动白蜡杆，直刺横扫，左砍右劈。一顿乱打之后，兄弟二人相视一笑，然后打灭灯火，隐入暗处。

众土匪酒至正酣，突然杀入两个“小鬼”，杀得他们措手不及，只好慌忙应战，黑暗中也分不清敌我，持刀乱砍，自相残杀。一时间，惨叫声不断，陈恂如、陈申如两兄弟躲在角落里，憋着笑声。不多时，屋中的声音渐渐小了。他俩掌灯再看时，已经是尸体遍地，偶有的幸存者也是动弹不得。

后来，当地艺人将这段故事编成戏剧，取名“双英破敌”，传唱久远。

陈公兆：耄耋老人斗“疯”牛

清乾隆年间的某一年中秋节，乾隆皇帝为了庆贺太平盛世，倡导敬老之风，下诏书请全国80岁以上、德才兼备、儿孙满堂的老人到紫禁城的太和殿参加“千叟宴”。

陈家沟85岁的陈善老人和88岁的陈毓英老人有幸被钦点参加。参加“千叟宴”后，两位老人离京返乡，河南巡抚和怀庆知府亲自迎送，并一路护送其到陈家沟，还为他们举行了挂匾仪式。这在陈家沟可算是一件史无前例的大事，全村上下比过年都高兴。大家纷纷拿出家中珍藏的美酒、可口的菜肴，在陈家祖庙广场举行庆祝仪式，并燃放烟花助兴。可是在燃放鞭炮时，一个年轻人无意中把一颗炮仗扔到了正在村边吃草的公牛身上。“嘭”的一声巨响，公牛受到惊吓，发疯般地向陈家祖庙广场冲去。

人们见势不妙，纷纷拿起家伙向公牛打去。这样一来，公牛就被惊得更加厉害了，挺着利剑般的牛角，胡乱冲撞。眼见那头疯狂的公牛，以子弹出膛一般的速度冲向巡抚和知府落座的方向，许多人吓得不知所措，只能傻傻地看着。

在这千钧一发之际，只见一位老人挺身而出，三步并作两步冲到前面，站了个骑马蹲裆式护住两位官员。这时“疯”牛已经闪电般冲过来，老人眼疾手快，两手迅速抓住牛角，大喝一声，猛然发力，把“疯”牛掀翻在地。

两位官员得救了，连称此老人“真乃神人也”。

这个力斗“疯”牛的老人正是陈氏十三世祖陈公兆，当时他已经是80岁的高龄。

陈长兴：打破门规传艺杨露禅

大家都知道，在我国古时的冷兵器时代，武术的格斗技术作为一项极其秘密的高级技术，被各家各派严格地保护着，武术技巧绝不会轻易外传，甚至外露。发源于陈家沟的太极拳也不例外，一直被作为独家之秘珍藏着，仅在一村一姓内部流传，且传子不传女。

相信很多人看过曾经很火的小说《偷拳》和电影《神丐》，其实那里面讲述的就是陈长兴教拳于外姓的故事。故事的主人公叫杨露禅。对，他就是杨氏太极拳的鼻祖杨老先生。

杨露禅，河北永年广府人，从小痴迷武术，自己也曾练习一些拳脚功夫，但因家贫，年轻时便以推车卖煤土为生。

当时，他听说在河北永年县有一家药店，名叫太和堂，里面的掌柜陈德瑚老先生会一种很奇妙的拳术，杨露禅一直想见识一下这种拳术是怎么个奇妙法。有一次，杨露禅在给太和堂送煤土的时候，在药店的后院看到药店掌柜和伙计在练拳，只见他们的动作姿势非常奇怪，慢慢悠悠的，像是在摸鱼。

杨露禅定神看了两眼，心想：“这哪叫练拳呢？这拳也能打人？”当下便对这种传言很神奇的拳术不以为然。

又过了些日子，有一天杨露禅推车路过太和堂，见药店门前围着很多人。原来是广府的恶霸王氏兄弟俩纠集了一帮“小混混”，正在和药店的小伙计吵架，吵到后来，王氏兄弟仗着人多就开始动手。没想到药店的小伙计身手不凡，几个回合下来，王氏兄弟和那群“小混混”就被摔得鼻青脸肿、狼狈不堪。

杨露禅见此情景，才知道这种拳术的厉害，立刻萌生学习这种拳术的想法。经过多方打听，杨露禅才知道这种拳术名叫“绵拳”（也就是今天众所周知的太极拳）。不久后，杨露禅去太和堂应聘做了一名伙计。杨露禅比较聪明，而且人又勤快、忠厚老实，深受掌柜陈德瑚的喜爱，于是掌柜将他送到老家陈家沟做长工。

当时，十四世祖陈长兴恰好在陈德瑚老家的后花园设场教徒。十四世祖陈长兴，人称“牌位先生”。据说，他不管是在练拳的时候，还是在日常生活中，总是立身中正，周身协调，不偏不倚，稳如泰山。

杨露禅每天帮助他们打扫场地、搬运器械、沏茶倒水，之后就站在远处高坡上的陈家果园里，一边观看练拳，一边自己对照着比画、揣摩。

这样学了几年，有一天晚上，杨露禅自己偷偷练习的时候被十四世祖陈长兴发现了。在当时，偷师学艺可是武林中的一大禁忌，轻则废去所学武功，重则性命难保。

陈长兴问清楚事情原委之后，回想这几年杨露禅的表现，觉得杨露禅为人忠厚，并且好学上进，于是破例收他为徒。杨露禅学拳7年，离开陈家沟后，又两次回来深造，历时18年，终于成为一代宗师。

如今，陈家沟还留有“杨露禅学拳处”的遗址，供来自世界各地的太极拳爱好者观瞻。

关于后来杨露禅上北平（现北京）为王公贵族教拳，让太极拳被世人所知，到后来杨氏一族创编新型的“杨氏太极拳”，那都是后话，在此不加详述。总之，陈氏太极拳的发展能有当今的盛况，杨老前辈是功不可没的。民国时期的武术诗人杨季子曾写下这样的诗句：“谁料豫北陈家拳，却赖冀南杨家传。”

陈发科：武德盛誉满京华

曾听前辈们说起过一些关于十七世祖陈发科（曾祖）的故事。

1929年，曾祖应北平（现北京）同仁堂药店老板邀请，前去教拳。同仁堂的管账王先生给他说了一件事情：附近一家武馆的武师，经常欺压百姓，还常到同仁堂强行索要贵重药品。据了解，这群人的头儿叫阎雷，此人自称“阎王爷”，天不怕，地不怕，自己开了一家武馆，长期横行乡里、欺压良善。因为有人见过他双臂挂着六百斤的重物健步行走，所以送他一个绰号“六百斤”。

曾祖听完这些情况之后，贴耳对王先生说了几句。王先生紧蹙的眉头随即放松下来。过了不到两天，“阎王爷”派了一名徒弟前来同仁堂索要人参、虎骨酒等，王先生依曾祖的吩咐说，希望能去拜访阎雷师傅，当面沟通。“阎王爷”的徒弟趾高气扬地将他们二人带到武馆门前。门口站着两名彪形大汉，听说这个情况后，一左一右地架起王先生就往里面走。陈发科一声不响，跟了进去。

武馆内院，一伙人正在舞刀弄枪。正中间的椅子上，坐着一个黑脸大汉，手上戴着黑牛皮护腕，腰中勒着黑牛皮腰带，脚上穿着黑色长马靴，浑身上下像是一块黑炭雕成，看上去就像那《西游记》里面描述的“黑熊精”。

“师父，同仁堂姓王的来了！”阎雷扬了扬浓黑的眉毛，操着粗嗓门儿问：“东西带来了吗?”“小店实在没有啊！”王先生回答道。“放屁！大药店会没有人参、虎骨酒？”

阎雷一边说，一边来到王先生面前，伸手抓住王先生的右肩，疼得王先生一下子就变了脸色。“住手！”曾祖在王先生身后喝了一声，“北平是个讲理的地方，哪有明目张胆敲竹杠讹人的？”

阎雷这才发现站在王先生背后的曾祖陈发科，他“嘿嘿”冷笑了一声，放开王先生，满脸不屑地说：“吆嗬，我说姓王的今儿个咋这么大胆儿，原来请来帮手了！”他伸手把王先生拨到一边，上下打量了一番曾祖，光头，粗布麻裳，腰里别着一根竹

烟筒，怎么看都像是个没见过世面的人。

于是，他扭头对着王先生冷笑了一声，问道："王老头，这是你从哪里请来的武林高手啊?"

众徒弟听师父那带讽刺的口气，不由得哄笑起来。

"是啊，这是从哪里请来的高手啊？"

"只怕是'和稀泥'的高手吧?"

"不，是戳牛屁股的高手！"

……

待他们嘲讽完，王先生依照之前曾祖给他说过的计划，沉着地对阎雷说："这是我们店里的一个伙计，高手谈不上，不过练过几年拳脚，想约个日子和您比画比画，不知阎师傅……"

一听到说要较量，阎雷就明白了，心想这个不起眼的老汉可能还真有点儿本事，于是他说："好，三天后我会会你请来的这位高手!"

王先生看了看异常冷静的曾祖，对阎雷说："那咱们一言为定！"然后和曾祖一起离开了武馆。

三天后，阎雷武馆里热闹非凡，不少平日受尽他欺辱的街坊都前来为陈发科助威。曾祖陈发科和王先生来到武馆时，阎雷的大徒弟正在耍枪，而阎雷正在向站在两旁的人吹嘘："俺这阎家枪，不是吹的，耍起来风雨不透！"他话音未落，只见跟前的陈发科，微微一笑，摘下头上的礼帽，"嗖"的一声，照着阎雷的大徒弟扔去，不偏不倚，正好扣在他的头上，惹得众人一阵大笑，而阎雷顿时就变了脸色。

王先生见状，乘势给大家介绍说：

“诸位，这位是在下的同乡，河南怀庆府温县陈家沟的陈发科，初到北平，想与阎师傅切磋技艺，并请各位指教！”

阎雷看到这个情形，更是气不打一处来，跳下场子对曾祖陈发科说：“来来来！咱俩试试。”起初“六百斤”阎雷试探性地打出了两拳，都被曾祖陈发科躲过。时间一长，阎雷显得有些不耐烦了。这正犯了武家大忌，心烦便会意乱，意乱就容易气浮，气浮则会下盘不稳。

阎雷照着曾祖心窝虚晃一掌，然后双手齐出，想抓住曾祖的双肩，将他扔出去，但曾祖早已看出阎雷的心思。只见曾祖一缩身，用双肘架开阎雷的双手，出掌直砍阎雷的双肋。阎雷见势，急忙往后避退。说时迟，那时快，曾祖趁他后退躲避之时，一个肩靠，将后退不及的阎雷打得坐倒在地上，直滑出几尺远。

阎雷从未如此丢脸，心中大怒，起身抡掌，招招都直奔曾祖的要害部位。曾祖进退自如，阎雷连一下都没能打中他。

起初曾祖并没有打算还手，只想找个机会，按压住他，让他知难而退，但现在看到他招招致命，心中也有点不忿。眼瞅着阎雷的双臂直冲自己的命门，曾祖心念一动，一个侧身引进，拖住阎雷的双手，顺势一拉，同时提起右膝，顶在了阎雷的小腹上。

阎雷“噔噔噔”地一连退了几步，终因立足未稳，仰面朝天摔倒在地，爬了几下也没爬起来，捂着肚子在地上呻吟。要不是曾祖手下留情，这个“假阎王”可能就得陪“真阎王”下棋去了。

阎雷吃了大亏，自觉无脸再在京城混下去，当夜就收拾细软，灰溜溜地离开了。

曾祖在北平挫败“六百斤”阎雷之后，名声大噪，很多武林同道想见识一下他的功夫，但曾祖总是对别人说：“我不中。”即便被迫与人比试时，他也从不伤及对方身体。时间长了，武林中人干脆就叫他“陈不中”。他高尚的武德，至今都是我们后辈学习的榜样。

曾祖在北平期间，曾被邀请作为顾问去参加武术比赛。在研究比赛的规则时，有人提出以15分钟为限，曾祖说时间太长，一般3分钟即可，甚至只需裁判口中念“1、2、3”即可。东北大学武术教练李剑华犹豫道：“那么快，能决出胜负吗？”曾祖笑着说道：“咱俩可以试试。”

李剑华身高六尺、体重一百多千克，擅长八卦掌。比试开始，李剑华刚起掌近身，就被曾祖用内劲“弹”出一丈开外，但身体完好无损。李剑华佩服得五体投地，遂拜曾祖陈发科为师。于是比赛的规则采纳了曾祖的建议。

比赛期间，当时全国一流的摔跤手沈三莅要与曾祖比试，曾祖便伸出双臂，让沈三莅抓住。在场的人都瞪大了眼睛想看个究竟，岂料不到3秒，双方没做任何动作，二人竟相视一笑，就算结束了。

两天后，沈三莅提着礼品专程赶到中州武馆，一见到曾祖，便连声称道："谢谢陈师傅的不打之恩。"旁边正在练功的徒弟们不知道怎么回事，都是一副莫名其妙的表情。看到此情形，沈三莅更为感动，竖起大拇指，对曾祖的徒弟们说："你们的师父不仅功夫好，人品更好！前天我们比试，一伸手我就已经输了，他让我抓着他的胳膊，我想借劲借不上，想抬腿也抬不起来。陈师傅要真想摔我，一摔一个准！可他当众给我留了面子，背后还不拆穿，真是佩服！佩服！"

曾祖经常告诫他的弟子与后人："和人推手，发劲必须加在胳膊上，不可直接发到对方身上，以免伤及对方内脏；在不了解对方功力的情况下，不能撒手，以防对方跌伤……"曾祖也没有武林中普遍存在的门户之见，每当有人问他哪种拳好、哪种拳不好时，他都会很严肃地说："哪种拳都好，不然早就被淘汰了。"

当时的武术诗人杨季子曾写诗称赞曾祖陈发科："都门太极旧称杨，迟缓柔和擅胜场。不意陈君标异帜，缠丝劲势特刚强。"

陈照旭：陈家沟的一代标杆性人物

在陈家沟，只要人们扳起手指算一下第十八世的太极拳传人，就务必提到一位不曾被外界所熟知的人物——陈照旭，也就是我的祖父。不仅因为他是十七世宗师陈发科的儿子，也不仅因为他是当今十九世掌门人陈小旺大师的父亲，最为重要的是，在那群雄并起、高手如云的十八世传人中，他高深的武功一直受人敬仰。

村里一直流传着爷爷这样的一个故事：在1952—1953年的某一天，村里续写家谱，因为村北头的陈立业、陈立智兄弟家比较宽敞，所以地点定在了那里。爷爷刚进门，屋里的十几号人看到爷爷，都起身与他握手、打招呼，这时陈立智叔叔从爷爷身后反手扣住了他的一只胳膊，笑道：“这一招，你怎么破？”

爷爷微微一笑，说：“小侯，你作死呢？”（河南话，“找死”的意思，开玩笑的言语。陈照旭和陈立智同岁，但辈分更高，所以称陈立智的小名为“小侯”。）

“死”字还没说出口，爷爷猛地一发劲，将陈立智叔叔直接从背后腾空抖起，陈立智叔叔双脚朝上、头朝下，脚打在3米多高的横梁上。就在陈立智叔叔下落之时，爷爷一个箭步，双手将他稳稳接住，放在地上，当时陈立智叔叔已经是面如土色。

当时，爷爷比较清瘦，体重仅仅60千克左右，而陈立智叔叔体重将近90千克。

时至今日，每每听村里老人们谈起爷爷的故事，那一个个逝去的精彩功夫和叱咤风云的画面，就会清晰地呈现在我的脑海里。每次我都在心底为爷爷暗暗叫好，为那博大精深、高深莫测的太极功夫叫好，自豪感和追及目标的信念就会愈发强烈。

陈照丕：
暮年授徒，太极拳后继有人

我曾经听村中的老人说："陈氏太极拳能有今天，陈照丕、陈照奎的功劳最大。没有他俩，陈家沟恐怕今天会练拳的人已经不多。"起初，我觉得老人们可能言过其实，后来，我查阅了一些资料，才真正明白老人们的话毫不夸张。

抗日战争爆发后，十八世祖陈照丕加入范庭兰领导的地方抗日武装，冲锋在抗日前线。后来，十八世祖应邀出任黄河水利委员会的武术教官。

1941年前后，兵荒马乱之际，温县一带发生了蝗灾，村里人大多逃荒而去，只剩下几十口人。穷习文，富习武，连饭都吃不上，大家也都没心思练拳，几乎就是从那时起，陈氏太极拳在陈家沟就渐渐地式微了。

1958年，65岁的照丕公退休回到老家，发现陈家沟竟然已经没有人会练太极拳了，不禁老泪纵横，于是号召村里的年轻人到他家里学拳。可好景不长，紧接着"十年浩劫"开始了。

照丕公因为在国民党政府的国术馆里当过教官，成分不好，很快就被"打倒"。有人还告发他召集年轻人夜聚明散搞宗派活动，于是对他进行批斗、游街等百般凌辱。

可怜的照丕公竟然被逼得走投无路，只能选择跳井自杀！好在发现得早，照丕公才捡回一条命。1968年前后，报纸上发表了一条毛主席关于提倡打太极拳的语录。照丕公看到后，喜出望外，就去找村支部书记张蔚珍老先生，问："这练拳不犯法了。你说我这拳还能不能教？"

张老先生不仅没有拒绝，还对照丕公说："可以练，你只要是正经教拳，出了问题我负责！"

后来听我的叔叔陈小旺谈起，当时照丕公已经是70多岁的人，他还重点培养了4个人：陈小旺、陈正雷、王西安和朱天才。他们也不负所望，成为当代陈氏太极拳的代表人物，武林中称之为"四大金刚"。

1972年9月，河南省举行武术表演赛，点名要陈家沟派人参加。照丕公格外兴奋，早晚忙着培训队员。等到比赛结束，80岁的照丕公也因急性黄疸型肝炎住进了医院。同年12月30日，照丕公不幸与世长辞。

照丕公去世的时候，4位叔叔已经掌握陈氏太极拳的基本套路，但是火候还不到，也缺乏实战经验。为了能让这4个人真正成为陈氏太极拳的一代名手，老支书张老先生专程去北京将陈氏十七世祖陈发科的小儿子陈照奎爷爷请了回来，教授陈小旺叔叔等4人。

陈氏太极拳能有现在的发展，也应当感谢老支书张蔚珍老人。当年为了培养这“四大金刚”，他不仅专门前去北京把照奎爷爷请回来，给他安排住处、起小灶，每月付给他几十块钱的工资，并且还提出每天谁早起来大队部练拳，就给谁记2个工分的奖励措施，鼓励大家练习太极拳。

现在陈家沟那么多人会打太极拳，很多都是当年集体练拳的结果。

陈家沟太极拳名扬四海

太极拳是集技击、强体、健身、益智和修性为一体的独特运动方式，其中蕴藏着东方哲学的深刻内涵。它将阴阳、动静、正反、有无、形神等对立统一的内容融入武术之中，以符合人体运动规律的演练形式强体健身，体现了中华民族生生不息的活力。

旧时文化生活非常单一，陈家沟人耕种闲余，总会聚在一起谈武论技、切磋交流。当时社会并不安定，出于保村护家的需要，村里有几户富庶人家，各自出钱成立拳场，邀请村里名师到自家拳场教亲朋好友和子侄练拳。村南村北之间也时常串场子交流，逢年过节祭祖朝拜时也会演武助兴，习武之风逐渐在村里形成，成为当地的一大特点。

所以当地流传谚语，如“会不会，金刚大捣碓”“喝口陈沟水，都会踢踢腿”“张圪垱（张圪垱是陈家沟西边的一个大村子）到处放羊，陈家沟净些拳把行”“陈家沟人睡在筐里——会蜷（会拳）”等。

随着时代的进步和观念的改变，人们意识到，旧时的保守与保密已经是阻碍传统文化生存与发展的一大症结，大力推广与普及才是对本门本族文化的最大保护。于是，陈家沟人开始走出家门，到全国各地乃至世界各地宣传弘扬太极拳文化。

最具有代表性的人物还属当代陈氏太极拳的“四大金刚”，他们一直忙碌于国际太极拳文化的传播与交流活动，或出国访问指导，或接待外宾表演，或出版理论专著……

现在，村中开设了许多像“陈家沟国际太极院”等一系列具有很高专业水准的专门执教太极拳的学校，不仅教授和指导村里百姓练拳，还吸引着周边村、县的太极拳爱好者加入，更是面向世界各地招生，将太极拳推广到世界的每一个角落。

每当周末或者寒、暑假，清晨破晓时分，都可以看到一大批小孩，他们有的甚至只有三四岁，也会很早起来，相聚在陈家沟国际太极院门前的空地上，跟着老师学习太极拳，传承属于陈家沟人自己的文化。

另外，在陈家沟，小学、初中体育课程中都有太极拳训练，初中升高中时也有太极拳的加试。

随着太极拳文化的兴起，每年到陈家沟拜师学艺的人越来越多，走在这个偏僻的小乡村里，你会碰见很多不同肤色的外国太极拳爱好者。陈家沟也被人们亲切地称为“太极沟”，被形容为世界太极拳的“桃花源”。

韬光养晦，厚积薄发。研究太极拳的发展历史，我们不难发现，从太极拳问世至今300多年以来，从没有过像今天这样拥有如此巨大的力量。我们相信，未来的陈家沟一定会成为一个世界性的健身休闲中心，世界各国的太极拳爱好者都能来到这里，跟着陈家沟人学习地地道道的陈氏太极拳。

第二章

走进陈氏太极拳

在岁月的长河里，人们传唱着那些经久不衰的故事和传说，讲故事的人们渐渐老去，听故事的人们继续吟诵。中国古老的太极拳术，在新的土壤里生根、发芽、茁壮成长，厚积薄发。太极拳是中华瑰宝，拳法洒脱自然，大气磅礴；蓄劲如拉弓，发劲似放电。在这里，我们将为您还原一个真实的太极拳世界。

太极拳的源流、发展及演变

“太极生两仪，两仪生四象，四象生八卦。”大家可能都听过这句话，但它究竟源自何处？为什么叫作太极拳？邓小平同志曾经题词：“太极拳好。”它究竟好在哪里？太极拳为什么会成为世界级的非物质文化遗产？

太极

“太极”一词，最早出现在我国一部古老而精深的经典《易经》中：“易有太极，始生两仪，两仪生四象，四象生八卦。”其中所说的“太极”是指天地未开、混沌未分阴阳之前的状态。两仪则是阴、阳二仪。说得通俗一点，就是在这宇宙万物之中，任何事物都有其两面性，它们相互依存、相互斗争。

这是物质世界的一般规律，也是事物产生与毁灭的根由所在。天地之道，以阴、阳二气造化万物。天地、日月、雷电、风雨、四时、子前午后以及雄雌、刚柔、动静、显敛，万事万物，莫不分阴阳。人生之理，以阴阳二气长养百骸。经络、骨肉、腹背、五脏、六腑，乃至七损八益，一身之内，莫不合阴阳之理。这一理论建立至今，已有两三千年，仍在为人们描述万象。

太极拳

太极拳早期叫作“绵拳”“软拳”“长拳”“十三势”等，直到清乾隆年间，在著名的内家拳行家王宗岳的著作《太极拳论》中才确定了太极拳的名称。《太极拳论》的首段即以“太极”立论，他说：“太极者，无极而生，动静之机，阴阳之母也……虽变化万端，而理唯一贯。”可以看出，太极拳与太极、无极、阴阳、五行、八卦等中国古典哲学概念有关，而其中的贯穿者就是“太极”。

太极拳的运动形式动静相兼，运动过程中刚柔并济，着法圆活如环无端，运动作势无中生有，与“太极生两仪”的哲学观念恰好吻合，所以世人接受了“太极拳”这一说法，并沿用至今。

太极拳流派

太极拳经过长期流传，演变出许多流派，它们之间或多或少都存在一些联系。

民国时期的武术诗人杨季子曾写过这样的诗句：“谁料豫北陈家拳，却赖冀南杨家传。”讲述的就是杨式太极拳与陈氏太极拳之间的故事。

河北永年人杨露禅是杨式太极拳的始祖，他师出陈家沟的陈长兴，并与其子杨健侯、其孙杨澄甫等人在陈氏太极拳的基础上，创编了“杨式太极拳”。

河北永年人武禹襄在杨露禅从陈家沟返乡后，深爱其术，向杨露禅学习陈氏老架太极拳，后又从陈清平处学习陈氏小架，然后结合自身的创意与想法，创编了“武式太极拳”。

河北完县人（现在的河北保定顺平县）孙禄堂，起初拜师学习形意拳，继而又习得八卦掌，最后学习太极拳。学有所成之后，他参合八卦、形意、太极三家拳术的精义，融合一体，创编了“孙式太极拳”。所谓“太极腰、八卦步、形意劲”即是如此。

杨式太极拳

杨式太极拳由杨福魁（1799—1872）创编。杨福魁字露禅，就学于陈长兴。陈长兴为陈家沟十四世太极拳宗师。杨露禅久慕太极拳的奥妙，三下陈家沟向陈长兴学太极拳，艺成后进京（北京），京城武师向其挑战，尽皆败北，因而名声大噪，当时武术界均称其“杨无敌”，一时王公贵族从学者众。后来，杨露禅将太极拳传子杨班侯（1837—1892）、杨健侯（1839—1917），后由其孙杨少侯（1862—1930）、杨澄甫（1883—1936）传承。太极拳宣传养生功效，经杨澄甫大力创新后，发展成为杨式太极拳，其基础实为杨澄甫奠定。

杨澄甫以大架为本，最后定型为当今流行的“杨家太极大架”。杨家内部仍然有大、中、小和长拳的传授，但是拳架招式是以杨澄甫定型的大架为主，而且这4个架势并不是4套拳，只是一套拳的4种打法。

杨式太极拳对手、眼、身法、步法

有严格的要求，练拳和推手，手、眼、身法、步法按要求做到正确，才能起到良好的效果。

吴式太极拳

吴式太极拳是太极拳的一种，亦称“吴家太极拳”，主要从杨式太极拳的拳式上发展创新而成。杨式太极拳原有大架和小架之分，吴式太极拳是在杨式小架拳式的基础上逐步修订的。

吴鉴泉（1870—1942），满族人，本名乌佳拉哈·爱绅，后随汉人习俗，取汉姓“吴”（以“吴”与“乌”谐音），河北省大兴县（今北京市大兴区）人，自幼从其父全佑学太极拳。吴全佑（1834—1902）在北京学拳于杨露禅。许禹生在《太极拳势图解》里写道：“当露禅先生充旗营教时，得其真传盖三人：万春、凌山、全佑是也；一劲刚、一善发人、一善柔化；或谓三人各得先生之一体，有筋骨皮之分。”

全佑任端王（载漪）府侍卫时先学杨露禅的大架，后又学杨班侯初改的小架，互相吸收融合，传至其子吴鉴泉时，又经数十年的融汇和发展，遂形成一种柔化为主的拳架紧凑、大小适中的拳术，即吴式太极拳。吴式太极拳共108式（不同的招式分解可能有不同的计数），在中国、美国及东南亚一带都颇为盛行。

吴式太极拳以柔化著称，动作轻松自然、连续不断，拳式小巧灵活。拳架紧凑，紧凑中不显拘谨。推手动作严密、细腻，守静而不妄动，亦以柔化见长。

武式太极拳

武禹襄（1812—1880），名河清，字禹襄。河北省邯郸市永年区广府镇东街人，清朝秀才。虽出身书香门第、官宦之家，但他淡泊名利，归隐于家乡教本族和邻居孩童读书，并且自己以习武为乐。当时，陈家沟陈氏族人陈德瑚在永年县做药材生意，租用的是武禹襄家的房产。相传，武禹襄见陈氏族人练习一种高明的拳术，非常喜爱，但碍于自己的身份和地位，无法前去拜师学艺。于是，他委托同乡好友杨露禅赴陈家沟，拜陈长兴为师学艺，回来后共同研讨，自己则出资供养杨露禅全家。

杨露禅先后三赴陈家沟学艺，每次回来都将所学分享出来与武禹襄探讨，最终武禹襄还不满足于杨露禅所学，亲赴陈家沟请教。当时陈长兴已年迈，介绍他去陈清平处学拳。陈清平倾囊相授，武禹襄亦加倍努力，日夜研习，理法尽通。

后来，武禹襄兄长武秋瀛于舞阳盐店觅得王宗岳的《太极拳谱》、一幅未留作者姓名的《太极拳概要图》及一本《拳论》，二人苦心钻研书中拳术，并将自身所习各派武术融合、改良，创立了一种新型的太极拳术，即现在的“武式太极拳”。

武式太极拳特点为身法谨严、姿势紧凑、动作舒缓、步法严格、虚实分明，胸部腹部的进退旋转始终保持中正，用动作的虚实转换和“内气潜转”来支配外形，左右手各管半个身体，出手不过足尖。

孙式太极拳

孙式太极拳是武术百花园中一朵艳丽的奇葩，是由孙禄堂先生集形意、八卦、太极之大成，冶三家于一炉，所创立的优秀拳种之一。

孙禄堂（1860—1933），名福全，字禄堂，晚号涵斋，别号活猴。河北省保定市望都县东任疃村人，是清末民初蜚声海内外的著名武学大家，堪称一代宗师，在近代武林中素有“虎头少保”“天下第一手”之称。

孙禄堂从小酷爱武术，早年随形意拳大师郭云深学习形意拳，并从八卦掌大师董海川弟子程廷华处学习八卦掌。后来，因为照顾病中的武禹襄传人郝为真，蒙其传授太极拳。孙禄堂将三者合而为一，自成一家，人称“孙式太极拳”。

孙式太极拳的特点是进退相随、舒展圆活、动作灵敏，转变方向时多以开合相接，故又被人称“开合活步太极拳”。因内含八卦掌千变万化的特色，故又称“八卦太极拳”。

和式太极拳

和式太极拳始创于清末河南温县赵堡镇太极拳名家和兆元（1810—1890），因地域关系，亦被称为“赵堡太极拳”。和兆元学于陈家沟十四世太极拳小架宗师陈有本之族侄陈清平，并逐渐形成自己独有的风格。其特点是小巧紧凑、动作缓慢，练会后逐渐加圈，以致极为复杂。因为是在河南温县赵堡镇首先传开的，故人们又称之为“赵堡架”。后经中国武术协会正式定名为“和式太极拳”。

和式太极拳拳架轻灵圆活、动作舒展大方。演练时，步活圈圆，环环相扣，无明显发力动作，套路贯穿，有柔有刚，在掌握套路后，即逐步化圆为圈、由简到繁，提高技巧、难度。和式太极拳，在走技方面擅长拿、跌、掷、打、靠诸艺，又有各种擒拿与反擒拿动作融于套路中，使其技击特点甚为突出。

走进陈家沟，了解陈氏太极拳

一个小小的村庄为何几次更名?

它怎么会闻名于世界，吸引大批国际友人赴村学习?

在陈家沟，又流传着哪些有趣的故事和传说呢?

陈家沟的来源

说到陈氏太极拳，就一定得提及一个地方：河南省温县陈家沟。

河南省温县陈家沟位于城东5千米处的清风岭中段，600年前叫常阳村。

明洪武五年（1372年），朱元璋为了调整因为战乱和屠杀造成的人口不均的现象，下令山西省洪洞县居民向怀庆府属地（今河南省焦作市、济源市及新乡市的原阳县所辖地域）移民。当时有一位精通拳械的年轻人叫作陈卜，早期他定居在山西省泽州郡（今晋城），后来由泽州搬迁到山西省洪洞县居住。陈卜搬去洪洞县不久之后，就接到朱元璋的移民命令。由于迁徙人员众多，所以当时管辖“移民”的官员把所有人集中到洪洞县统一发配。

明洪武七年（1374年），陈卜随一大批迁徙者流浪到河南省怀庆府（今沁阳市）落户。但怀庆府的地势比较低洼，黄河水稍微大一点儿，就会受到洪涝灾害，于是陈卜再次迁徙，全家移居到温县城东十里的常阳村。

常阳村是一个风景秀丽的地方，有多条从南到北的深沟常年水声潺潺，深沟两边绿柳常青。据《温县县志》和《陈氏家谱》记载，始祖定居常阳村后，勤劳地开荒耕种。陈氏一族先是六世同居，到第七世的时候才分家，且家业兴隆、人丁旺盛。

随着陈姓家族的壮大，该村由常阳村更名为陈家沟村，又称陈沟。因为陈家沟很多人的祖先是从山西省洪洞县一棵大槐树下统一迁徙至此的，所以在陈家沟还流传着这样一句谚语：“问我祖先来何处，山西洪洞大槐树。”

喝口陈沟水，都能跷跷腿

早年间，为保卫桑梓不受匪盗危害，陈卜成立武学社，兴起世代习拳舞械之风。陈氏第九世陈王廷依据祖传拳术，博采众长，创编了一套既能实战又能强身健体的新拳种，因理根太极，取名“太极拳”。

现在，陈家沟因为太极拳而闻名于世，每年都会有大批的太极拳爱好者慕名前来学习。如今，村中矗立的大大小小的太极院达数十家。村里上至八十岁老翁，下至几岁孩童，几乎人人会打太极拳。游历村中，练拳之人随处可见。

自从明末清初陈家沟陈氏九世祖陈王廷创编了太极拳以来，陈家沟人代代相传，名手辈出，傲然屹立于中华武术之林。陈小旺、陈正雷、王西安、朱天才被武林同道誉为“四大金刚”，蜚声海内外；更有陈自强、陈鹏飞、陈娟等一批后起之秀，早已在国内外大赛和太极文化交流活动中崭露头角。

所以外界一直盛传：“喝口陈沟水，都能跷跷腿。”

会不会，金刚大捣碓

记得歌手屠洪刚曾经在歌曲《中国功夫》中唱道：“行家功夫一出手，他就知道有没有。”在陈氏太极拳练习者中也流传着一句俗语：“会不会，金刚大捣碓。”也就是说，陈氏太极拳功夫练得如何、火候几成，不用看完整的套路，只需看一看“金刚捣碓”，就明白了。“金刚捣碓”是陈氏太极拳中一个非常有代表性的拳势，它充分体现出陈氏太极拳特有的轻沉兼备、螺旋运化、刚柔相济、曲折连贯、腰为主宰、以身带臂、节节贯穿的韵味，淋漓尽致地表现缠绕诸靠、螺旋进退、上惊下取、套封插进、闪转腾挪、腿手并进、柔化刚发的技击风格。如果这些都练好了，那说明你对陈氏太极拳已有很深入的理解。

有人说，陈氏太极拳有个特别的窍门，不向外传，所以外人学不好。其实这完全是无稽之谈。太极拳学得好坏与否，除了名师指点之外，最主要还是看自己是否下了真功夫。正所谓："师父领进门，修行在个人。"

陈照丕老先生晚年时说过："打太极拳必须要有恒心，就是对太极拳要有信心、有决心、有耐心，持之以恒，每天锻炼，无论寒暑风雪，从不间断，时间长久，自然能心领神会，得到拳中奥妙。否则，如果三天打鱼、两天晒网，只会徒劳无益，贻误终身，悔之晚矣。"

练拳谨记：法无定法，拳无定拳

很多太极拳初学者都有同样的疑问：太极拳的姿势做到什么程度才算是到位？其实不应该担心这个问题，太极拳练习的方法与别的运动练习方法不同，无论初学者，还是已经有一定基础的太极拳爱好者，都应该注意“法无定法，拳无定拳”。

我们在按照本书中图解演练太极拳时，只需要做到动作要领即可，不需要刻意追求和图解中一模一样的效果，因为每个人的身体素质和条件不一样，刻意去追求统一的效果，往往会适得其反，不仅达不到锻炼自身的目的，而且还有可能拉伤自己。练习太极拳时，应注意要让拳来适应自己的身体，而不是让自己刻意去追求某种效果。

大致说来，练习太极拳可以分成三个阶段：招熟、懂劲、神明。

在全部锻炼过程中，不管在哪个阶段、哪种程度，都要注意保持“心静”“体松”。“心静”是指思想集中、全神贯注，做到专心打拳。“体松”是指身体各部位保持运动中的自然放松，消除不必要的紧张。“心静”“体松”是由太极拳运动特点

招熟

是指在姿势、动作上打好基础，把拳套中的步形、步法、腿法、身法、手形、手法、眼神等基本要求弄清楚，做到姿势正确，步法稳定，动作舒展、柔和。

懂劲

是指知己知彼，能听出对方劲之断续、虚实，来龙去脉，摸出形之凹凸、重心之变化，一般为太极态，阴阳交融，亦松亦紧，刚柔相济，化即打，打即化，化打合一。

神明

是指全身透空、虚无，无刚柔、无化打，沾身便弹，出手便摧，无力可挡，呈无极态。

所决定的最基本要求，对于其他要领的掌握起着决定性作用，应该贯穿于练习太极拳的始终。

正确运用这两个基本要领，更有利于掌握太极拳的其他要领，体现太极拳的运动特点，提高健身和医疗的效果。下面是我给大家列出的几个基本注意点。

端正

打太极拳，首先要注意姿势正确，特别是要保持上体自然正直、腰脊中正，两肩、两胯自然放松，不可俯仰歪斜或耸肩、扭胯。其他部位也要按照要求，如实做好。忽视任何一个部位的要领，必然牵动其他部位，造成错误定型和错误动作。例如臀部外突，必然牵连腰部和胸部前挺、腹肌紧张。

因此，初学阶段要抓住“姿势端正”这一要点，不可贪多求快、潦草从事。这样做，开始阶段可能刻板一些，灵活性稍差，但只要抓住“身法”中的主要矛盾，其他问题也会迎刃而解。

稳定

要使上体端正舒适，必须首先保持下肢稳定。步形、步法既是姿势中的一部分，又是整个姿势的基础。经验表明，很多人下盘不稳，并不完全出于力量不足，而多数由步形、步法不当所致。如果步子过小、过窄或脚的位置、角度不对，以及变换动作时虚实不清，势必造成身体重心不稳。因此，需要把步形、步法的要求弄清楚，可以单练各种桩步和步法，先把身体重心的变换摸清楚。这样既利于增强下肢的支撑力量，又能把主要步形（弓步、虚步、仆步、独立步等）、步法（进步、退步、侧步、跟步等）的要领掌握好。另外，根据具体情况，多练习各种腿法（蹬脚、分脚、摆脚、踢腿、压腿等）和多做腰部的柔韧性练习，也可以增强下肢力量，有利于动作的稳定。

舒松

初学时，在姿势动作中要注意提醒自己舒松、自然。舒松不是软化无力，而是按照规矩，尽量把动作做得舒展些。运动总是松紧、张弛地交替进行的，太极拳也是如此。但是太极拳的特点是轻缓柔和、沉着自然，要求“运劲如抽丝”。初学者往往不适应这种要求，容易使用拙力，造成不必要的紧张甚至僵硬，破坏了姿势动作的端正、稳定。

初学打基础时，必须由舒松、柔和入手，把不必要的紧张和生硬的僵劲去掉，姿势动作力求舒展大方、自然柔和。

轻匀

为了较快地掌握太极拳轻缓、柔和的运动特点，初学时，注意动作要慢、要柔，用力要轻、要匀。当然，快和慢是相对的，不是越慢越好。一般来说，初学者动作慢一些，用力轻一些，易使动作准确、速度均匀、消除拙力。初学时如果动作不熟练，可以在姿势之间稍有停顿，体会一下要领，边想边做。但是等到动作熟练之后，就要努力保持匀速运动，起落转换时不可忽快忽慢、忽轻忽重。

知其然，也要知其所以然

因为太极拳的动作缓慢，从外形上看，就跟“摸鱼摸虾”的姿势差不多，所以刚开始推广太极拳时，它并没有受到太多人的欢迎。经过一段时间的推广和实践检验之后，人们发现太极拳不仅能帮身体虚弱的老年人强身健体，更好地促进青少年身体的成长和发育，并且太极拳是内家拳，它深厚的内涵和文化底蕴更可以陶冶人的性情，让人的气质变得儒雅。

如今，太极拳已经成为我国的国家级非物质文化遗产，在公园、在小区，随处可见练习太极拳的人们。太极拳通过以柔克刚、快慢相间的表现形式，给人以行云流水般的美感，带给人们精神的愉悦，它是一种艺术的创作，甚至被西方人称为“东方芭蕾”。

陈氏太极拳有活力

说起运动，我们可以选择的项目有很多种，比如打球、跑步、游泳和跳舞等，但是基本上每种运动都只能锻炼身体的“外在部分”，很少有运动项目能锻炼体内的筋骨。而在练习太极拳的时候，无论是五脏六腑，还是奇经八脉，都是连带着一起运动的。

陈氏太极拳有一个最显著的特点，就是缠丝螺旋劲。陈氏太极拳套路上的所有动作，不论动作快慢、开合、大小、高低，参与运动的躯干、四肢、脏腑都要按缠丝螺旋式的形式运动。螺旋式的运动形式能更好地运动到身体的各个部位，加强运动效果。

在练习太极拳时，要求在做动作时保持平稳呼吸。大家知道，人体能量来源于体内营养物质的化学反应——分解与释放过程，而这个过程离不开人体从外界吸入的氧气。正是因为有氧气的介入，才让我们在练习太极拳时感觉更加舒畅。太极拳的动作有快有慢、有刚有柔，如此忽快忽慢的节奏，更是让我们连续做几个小时的太极拳运动也不会感觉疲惫。

陈氏太极拳很健康

练习太极拳要求姿势中正、不偏不倚，一动无有不动，全身骨骼处于柔和活动中，既纠正了不良姿势，又锻炼了颈椎、腰椎、上下肢肌肉骨骼。加上户外空气新鲜以及阳光中紫外线适量照射，人体容易吸收钙质，也就能减少由骨质疏松而引起的骨骼变形、折裂等病症的发病概率。

练习太极拳，要求动作与呼吸配合。久而久之，肺组织得以锻炼，肺活量增加，免疫力增强，也就能减少患呼吸道疾病的概率。

太极拳迈步如猫行，松沉安舒，动作如螺旋又如抽丝。不用拙力而轻柔缓慢，不会出现肌肉酸痛、大汗淋漓、口渴难耐。长期有节律的腹式呼吸，使横膈肌活动扩大，肠胃蠕动加快，促使食欲增加、消化功能加强，对改善便秘、痔疮等疾病也有疗效。

由于太极拳重视呼吸配合，在吐故纳新、加强气体交换的同时，必然会促进血液循环。加上合理饮食，少食盐，减少精神压力，高脂血症、高血压、冠心病等疾病发生的概率也会随之减少。据北京运动医学研究所的调查，常打太极拳者平均血压值是131/80.5毫米汞柱，对照一般老人组平均血压值是154.5/82.7毫米汞柱。动脉硬化指标上，太极拳组为39.5%，一般老人组为46.4%。

另外，练习陈氏太极拳还能健脑养性。以陈氏传统太极拳七十五式为例，锻炼者完成七十五个动作的过程，就是锻炼大脑记忆力的过程。练拳者全神贯注、从容不迫、以柔克刚，也是一种修身养性的体验。练习太极拳对改善失眠、忧郁、烦躁等也有一定疗效。

陈氏太极拳可养生

养生是指通过各种方法颐养天命、增强体质、预防疾病，从而达到延年益寿的一种医事活动。古语有云："生命在于运动。"但也有人对此提出相反的观点："生命在于静养。"我认为，生命应该在于张弛有度、动静相宜的有序运动。超负荷、超极限的运动无疑是在消耗生命的潜能，但一味地静养，又会使人体的基本运动机能退化而影响正常生活质量。人到中年的时候会感觉精气不足、体力衰减，日子一久，身体便会出现亚健康状态。想要恢复身体的健康和活力，练习刚柔并济、内外兼修的太极拳就是最好的选择。

在练习太极拳时，我们可以“一动无有不动”地活动身体，给各部分组织和器官一定强度和量的刺激，激发和促进身体在生理和身体形态结构上发生一系列适应性变化，使体质朝着增强的方向转化和发展。对于中老年人以及慢性病患者来说，练习太极拳能推迟身体各组织器官在结构和功能上的退行性变化，能有效地起到健身、疗疾、延缓衰老的作用。

中医认为，人是一个有机的整体，由经络贯通上下、沟通内外，内属于脏腑，外络于肢节。太极拳独特的练习方式有利于通经活络。

首先，我们知道，情绪过于紧张或亢奋，会使人体气机紊乱和脏腑阴阳气血失调，而太极拳却强调全身心地放松，可削弱、转移和克服伤病带来的情绪刺激，还有利于经络的疏通。

其次，太极拳是全身性的、轻慢松柔的运动，会使身体暖意融融，可加快经络传导速度，有利于脉气在全身上下、内外循环的经络系统中运行，有助于经络畅通，使气血充盈全身，滋养各脏腑组织器官，维持和保护机体功能，加强抵御病邪和自我修复能力。

最后，在太极拳运动中，腰部的旋转、四肢的屈伸所构成的缠绕运动会对全身三百多个穴位产生不同的牵拉、拧挤和压摩作用。这实际上是一种自我按摩，能起到类似针灸的作用，激发精气、疏通经络和调整虚实，加强、维持并联系各组织器官的生理功能，使其处于协调有序的状态。

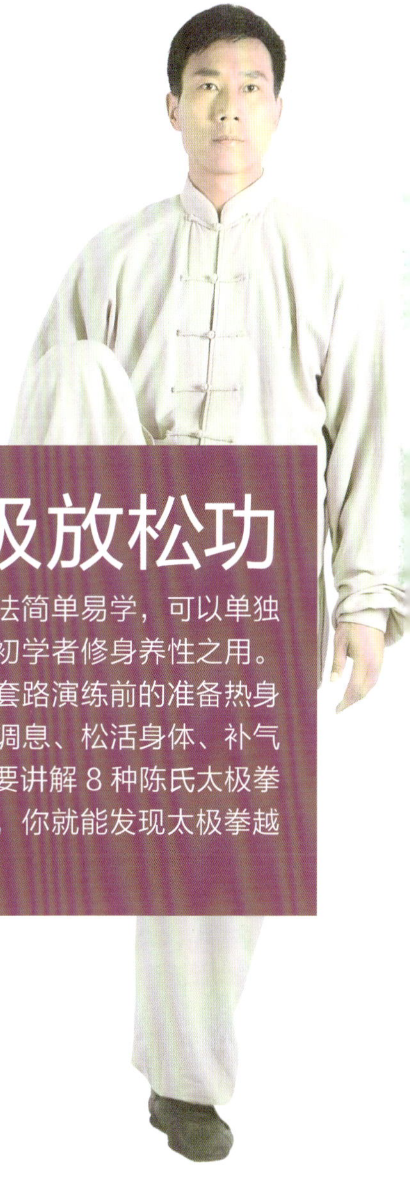

第三章

陈氏太极放松功

陈氏太极放松功，功法简单易学，可以单独于陈氏太极拳之外，作为初学者修身养性之用。也可以作为太极拳爱好者套路演练前的准备热身运动，可帮助习练者静心调息、松活身体、补气养血、疏通经络。本章主要讲解 8 种陈氏太极拳放松功，练好这些放松功，你就能发现太极拳越练越轻松。

陈氏太极放松功的独特魅力

太极拳的思想主柔，讲究以柔养气、以柔运化、以柔致和。很多初学者，练习太极拳时，会感觉膝盖疼痛，练习时间稍微长一点儿，就会感觉疲惫。其实这一切问题产生的根源在于你的身体不够“柔”，不够柔的一部分原因在于你的身体不够“松”。

大家都知道太极拳是“刚柔并济”的拳术。“刚”易练，“柔”难求。我发现在初学者当中，女性相对男性而言，较易掌握“柔”。可能与女性本身的生理特征、思想意识有关，由于女性肌肉耐受能力小，技击攻防意识弱，所以在行拳过程中只要能去掉僵劲、拙劲，便会使动作很快“柔”起来。“柔”即柔和，是指在行拳过程中，四肢与躯干之间相互配合时，所表现出来的一种外在的非紧、非僵、非拙的运动状态，给人视觉上一种舒适、自然之感。

要想达到“柔”，首先需要在思想意识上放松，要有自信心，要使自己充分静下来，可兼用意识引导动作。大多数拳种讲究弧、圆，可有意识地让自己的肢体运动轨迹在弧线及圆中进行。必须注意的是，“柔”时勿“软”。

要想达到“柔”，就要学会“松”。“松”即松开，是用意识引导躯体各肌肉、关节部位的一种相对于紧张、僵持状态的自身反应。通俗一点儿说，就是用大脑指挥各肌肉、关节部位不要紧张，尽量让自己保持一种舒适状态。但是要注意的是，“松”时不能“懈”。“懈”则瘫、软，练拳时，肢体外形上还是要保持其应有的姿势。

太极拳的动作要真正体现出“柔”的思想，就务必对“松”进行彻底的理解和训练，能“松”方显“柔”。因此，“松”就是太极拳的第一要旨，本套太极拳放松功就是对“松”的强化训练。

本套放松功由陈氏太极拳第十二代嫡宗传人陈炳（作者）创编，是陈家沟国际太极院日常必修课，深受广大太极拳爱好者的喜欢和追捧。

本套动作是按身体的关节部位由内而外、由上而下的顺序编排而成，练习时要求调心、调息、调身，以慢求静、求松、求稳，最终致柔。动作简单，便于记忆和掌握，随时随地都可练习。可以整套练习，也可以根据需要，选择性地挑出某个动作进行单一练习。

另外，长期练习本套放松功还有以下几点好处。

- 提高我们身体的柔韧性和灵活性，增强我们的肢体协调性和平衡能力，预防和消除剧烈运动所引起的韧带和肌肉拉伤，增强肌肉的承受压力和应对突发状况的适应能力，让我们的关节随心而动。
- 舒展我们的筋骨，改善我们的骨骼状况；帮助矫正平时不良行走、坐姿带来的骨骼错位、变形等症状，让我们的骨骼重获年轻。
- 促进我们身体各部位的血液循环，加快身体的新陈代谢，让我们的体能更加充沛；有效排出体内毒素，让我们的身体更加健康；有效地放松和舒展我们身体的每个部位、每寸肌肤，帮助我们缓解来自生活和工作中的疲劳感和紧张感。

从头到脚的陈氏太极拳放松功

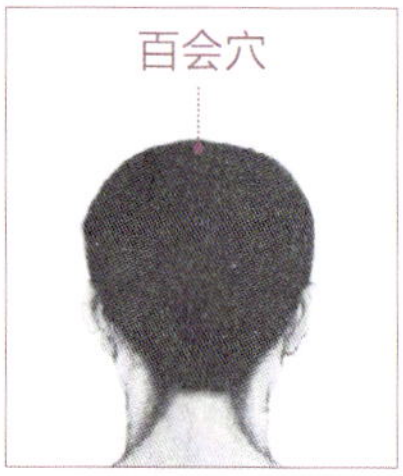

1 静心功

百会穴顶起

唇微闭，
齿轻合，
舌贴上腭

①

站立，双脚并拢，双手自然下垂。唇微闭，齿轻合，舌贴上腭，两眼正视前方。头部百会穴，虚灵顶天，脚下涌泉穴虚含，踏稳通地，想象自己与天地合为一体，人与自然合一。

②

上半身保持不变，双膝、双髋微微弯曲。

[侧面观图]

上半身保持直立，肩、颈放松，下颌微收，双膝微微弯曲。

③

身体直立，保持不变，重心持稳于右腿，后背放松，微提左膝，左脚脚尖点地。

4

身体重心保持在右腿，左脚向身体左侧移动半步，脚尖点地。

5

将身体重心移至双脚中心位置，左脚脚跟落下。在身体重心移动的同时，双腿由微屈转换为直立。

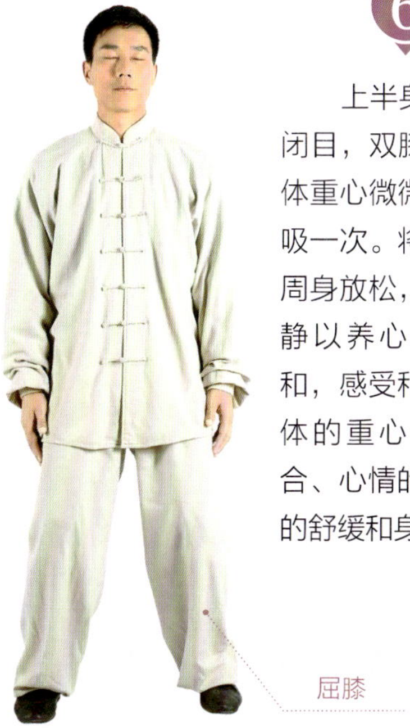

6

上半身保持不变，闭目，双膝微屈。将身体重心微微下降，深呼吸一次。将身心放松、周身放松，保持安静。静以养心，使心气平和，感受和寻找自己身体的重心、关节的开合、心情的平静、呼吸的舒缓和身法的平稳。

[侧面观图]

身体保持直立，肩、颈放松，双脚打开，双膝和髋关节都微微弯曲。

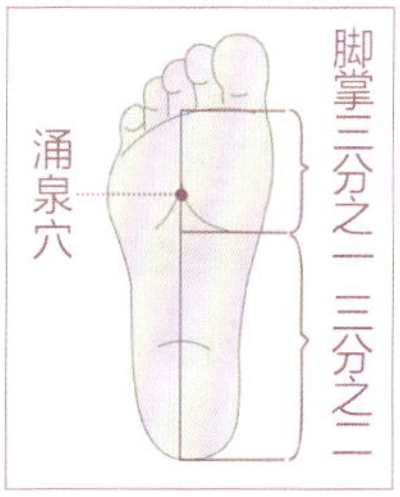

错误动作

[错误原因]

过于仰头，使颈部肌肉不能放松，颈椎与颅孔连接不正，百会穴不能顶起。

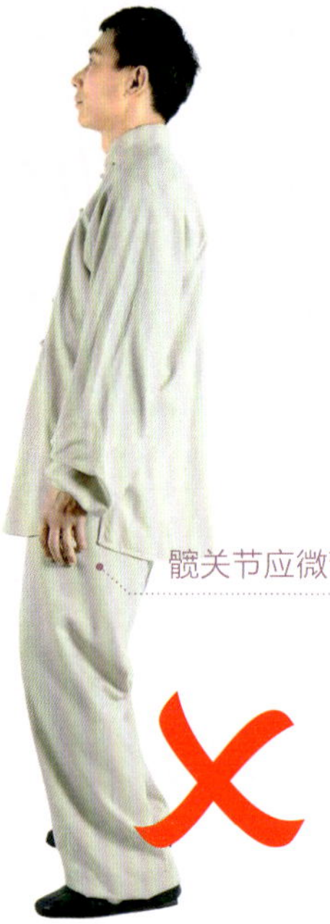

[错误原因]

髋关节弯曲不够，使身体产生后仰，导致腹部不能放松，腰椎受到压力。（髋关节应微弯。）

[错误原因]

双膝弯曲的时候，身体重心不稳，造成身体向前倾斜。

要点提示

本动作是静功，静以修心，心能静则神自闲、身自松。练习本动作，主要是放松自己的心灵，感受呼吸而非专注呼吸，让身体各部位在自然缓慢的呼吸中松弛下来。练习此动作过程中，身体应保持放松状态，平稳呼吸。

建议练习时间：2~5 分钟。

2 放松头颈

1

由静心功开始，头由直立慢慢向前低垂，放松颈部；同时两肩及后背顺势向前松合，并保持约半分钟。

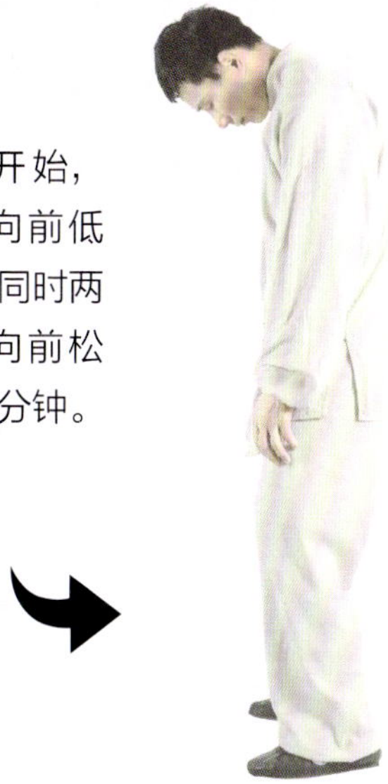

[侧面观图]

肩颈放松，双膝微微弯曲。

2

身体重心向左腿缓缓移动，头颈顺势向身体左侧做绕环。注意双肩保持放松不变。

3

身体重心由左向后移回身体中间位置。胸腹前凸，头颈借势轻轻由左向后，绕行至后面。

4

身体重心慢慢移向右腿，头颈顺势由后绕行至身体右侧。

5

身体重心回到中间，头颈滑动至胸前位置，动作稍作停顿，以放松身体、平缓呼吸。

6

重心向身体右边缓缓移动，头颈顺势向右侧绕环，双肩保持放松不变。

7

身体重心由右向后，回到身体中间位置，胸、腹前凸，头颈借势轻轻由右向后绕行。

8

身体重心继续向左移动并回到双腿之间，头颈由后向左绕行至胸前，动作稍作停顿，肩背放松。

9

最后轻轻起身，缓缓抬头，回到初始状态，端正站立。

要点提示

1. 头颈的运动主要依靠身体重心和姿势的变化完成，头颈本身不要用力运动。

2. 运动中如遇到痛点，不要勉强通过，要在此处停留并逐渐完全放松，达到无痛而过。

3. 动作宜慢不宜快，越慢越能放松彻底，越能缓解和避免伤痛。

建议练习次数：左右各转动 2 ～ 3 周。

3 ‹ 肩胸伸展 ›

1

身体直立，双脚打开与肩同宽，由指尖引领两臂伸直上举，挺胸，头后仰，胸、肩都展开。

2

先缓缓抬起头，双手紧握成拳，双肘往身体后下方拉，再次挺胸。

3

肩、胸放松，髋、膝放松，微微下蹲，两肘放松，合于体前。

[侧面观图]

4

低头弓背，深吸气后呼气，推出双手，双手尽力往前伸探。

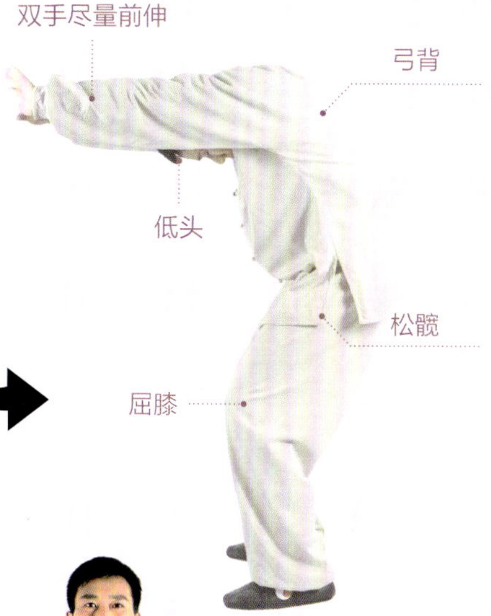

5

双臂放松且放下，垂头松肩，含胸弓背，全身放松，平稳重心，稍作停留。

6

缓缓站起，身体恢复到初始姿势。

要点提示

双臂向上伸探时，开胸深吸气；双臂向前伸探时，含胸深呼气。

4 躯干旋转

1

身体直立，双脚打开与肩同宽，由指尖引领两臂伸直上抬，挺胸，头后仰，胸、肩都展开。

2

旋转手臂至掌心相对，然后肩、髋、肘、膝同时松落，屈膝，身体重心微微下降。

3

腰部带动胸部和肩部，向左转约 90°。

4

左手掌心翻转朝上，右手掌心翻转朝外，继续向左转腰、转肩、旋臂仰头，身体向左拧转至最大角度。

[侧面观图]

5

缓缓抬起头，回腰、回肩，掌心相对，松肩，双臂下落，逐步放松全身。

6

动作回落至初始姿势。

7

向身体右侧转腰、转胸、转肩。

8

仰头，右手掌心翻转向上，左手掌心翻转向外，继续向右转腰、转肩、旋臂仰头。身体向右拧转至最大角度。

[侧面观图]

10

动作回落至初始姿势。

9

缓缓抬起头，回腰、回肩，掌心相对，松肩、双臂下落，逐步放松全身。

11

慢慢伸直双腿，双臂缓缓放下。此动作结束。

错误动作

[错误原因]

右肩合闭，没有打开，从而影响后背的伸展。

要点提示

1. 身体向左侧旋转时，左手掌心向上，手指向前领劲，带动前胸腹无限延展、拉伸；右手掌心向外尽力推出，牵动后背和后腰无限延伸、拉开。反向亦然。

2. 身体随手臂旋转而旋转，头也随之向后并逐渐仰起，将胸骨部位无限拉伸。

3. 切记推掌一侧的肩部不能用力夹住，要只推不夹。

建议练习时间：左右各练习1~2次。

5 ‹ 侧体展臂 ›

1

站立，双脚打开与肩同宽。唇微闭，齿轻合，舌贴上腭，两眼正视前方。头部百会穴，虚灵顶天，脚下涌泉穴虚含，踏稳通地。

2

由髋、腰、胸、肩、颈和头顺次而上，缓缓向右侧倾斜。右手臂放松，双肩放松。

3

身体侧展，保持不变。胸部打开，左臂缓缓向身体左侧抬起，与右臂贯通成一线，稍作停顿，舒展身肢。

4

左臂继续向右下方画弧，左手掌心变为朝向身体，双臂自由落体，松至身前。

6

由髋、腰、胸、肩、颈和头顺次而上，将身体缓缓向左侧倾斜。双肩放松，左臂自然垂落。

5

由髋、腰、胸、肩、颈和头顺次而缓缓起身，睁眼，稍作停顿，整理身体。

7

身体侧展，保持不变。胸部打开，右臂缓缓向身体右侧抬起，与左臂贯通成一线，稍作停顿，舒展身肢。

8

左臂保持不变，右臂继续向左下方划弧，自由落体，松至身前。

9

慢慢由髋、腰、胸、肩、颈和头顺次起身，睁眼，稍作停留，整理身体。

错误动作

[错误原因]

身体应该保持侧身而不是俯身。

要点提示

1. 本动作是脊椎向身体侧面的依次运动。

2. 当身体向左侧伸展时，重心偏向右边；当身体向右侧伸展时，重心偏向左边。

3. 双臂上下打开时，胸部也要打开；十指张开，双手手臂上下一线，尽量对拉。

6 脊背松合

1

站立，双脚打开与肩同宽，双臂向上举起，双手指尖尽量向上伸探。

2

松肩屈肘，双手向后抱住颈部，双肘向前。

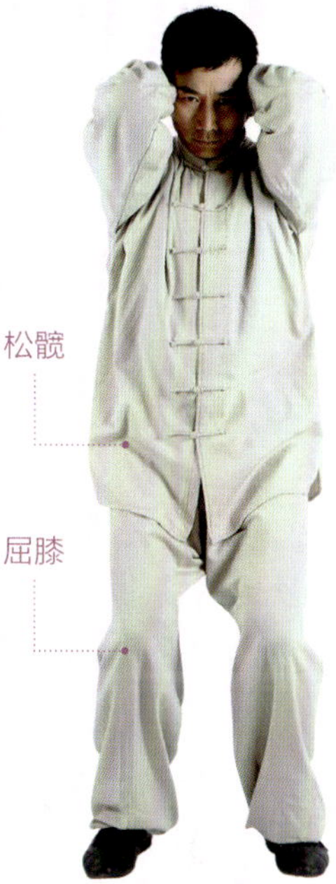

3

双手保持抱住颈部不变，双膝、双髋微微弯曲，身体慢慢下蹲，头颈向前松垂。

4

双手抱颈、垂头，背部弓起，身体松蹲团缩。

5

双臂完全松弛垂落，闭眼，静止一会儿，深吸气一次，使腹胸鼓胀，深呼气一次，且放松全身。

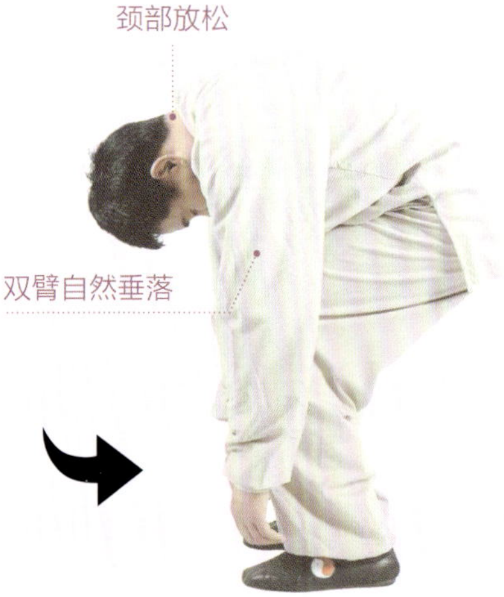

[侧面动作]

双腿弯曲，低头，弓背，双手自然下垂于身体两侧。注意身体是因为完全放松而团缩成一团的，而不是刻意发力收缩成图示姿势。

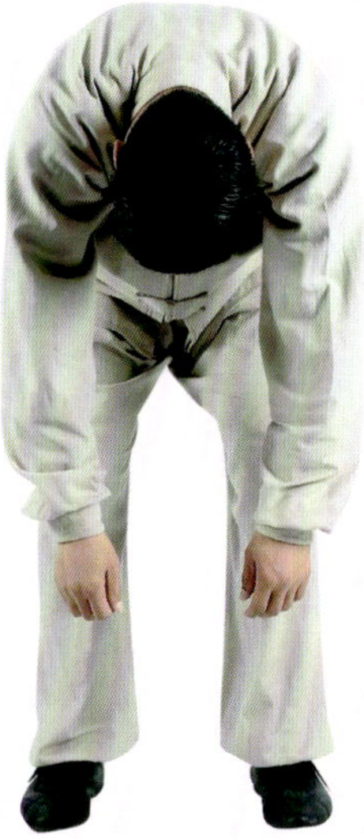

6

双腿慢慢站起一半，身体其他部位依然保持不变。

[侧面动作]

双膝微微向上抬起，呈半蹲姿势，肩颈松弛，双臂垂落于身体两侧。

7

松停片刻，由臀部开始，腰部、胸部依次向上抬起，双臂、头颈继续保持松弛状态。

先将双腿慢慢伸直，再将身体躯干缓缓升起，头颈部依然保持松垂。

将头颈部抬起，深呼吸并放松身体，最后睁开双眼。

要点提示

1. 整个动作越缓慢越好，尤其是在起身时，整个动作更要放慢，以免头晕摔倒。

2. 动作落到最低处时，注意双脚脚掌均匀受力，身体重心要非常自然和平稳。

3. 起身过程中要确保头颈松垂不变，身体全部到位，最后才是抬头、睁眼。

4. 起身过程中要慢，可以随时停止动作并调整身体的松弛度。

错误动作

[错误原因]

身体下蹲、手臂垂落时，头颈应保持放松、下垂，不能抬起。

[错误原因]

身体升起时，头部过早抬起。抬头应该是动作的最后一步。

7 提踵下蹲

1

双脚脚跟慢慢抬起，前脚掌着地，踝关节绷紧，身体端正站稳，停留 10 秒左右，全身放松。

2

松髋、屈膝，慢慢下蹲，双手扶膝做支撑，可以减轻膝关节受力程度。

3

脚跟保持抬起，身体完全下蹲，身体端正，双臂放松。

4

低头，身体慢慢向前倾俯，脚跟相合呈外“八”字形，并慢慢落下，双手支撑膝关节。

5

上半身保持放松状态不变，双腿慢慢伸直。

6

肩部放松，双臂松垂于体前，头颈松弛，稍作停留。

7

缓缓起身，放松，调整全身。

要点提示

1. 如果腿部力量不够或者膝关节有伤痛，难以蹲下，则适可而止，不可勉强。

2. 在动作进行中，双脚呈外“八”字形。

3. 手做支撑时，可以随着身体的起落变化，调整手掌所按位置，以便起到最好的支撑帮助。

8 提膝独立

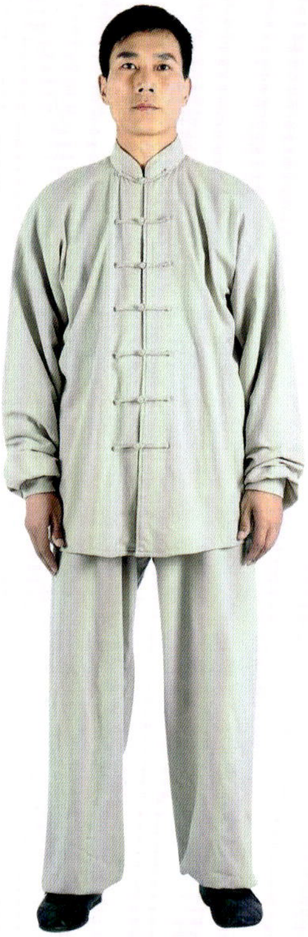

1

端正站立，双脚打开与肩同宽，身形保持平稳，且身心放松。

2

右腿微微弯曲，左脚慢慢抬起，左脚脚尖点地，重心移向右腿，后背放松。身法保持松、定、稳。

3

慢慢提起左膝至上腹部位置，左脚脚踝放松，身体以自然端正状态保持平衡。注意身体不是靠腿部力量固定维持。保持这个姿势几秒。

4

缓缓放下左腿并向左开半步，左脚脚尖点地。

5

移动身体重心于双腿之间，再全身放松。检查身体的放松情况，感受身体重心移动。

6

身体重心轻轻移向左腿，右膝慢慢提起到上腹部位置，右脚脚踝放松，身体自然端正、平稳。

7

略停数秒，右腿再慢慢放下，向右开半步，右脚脚尖点地。

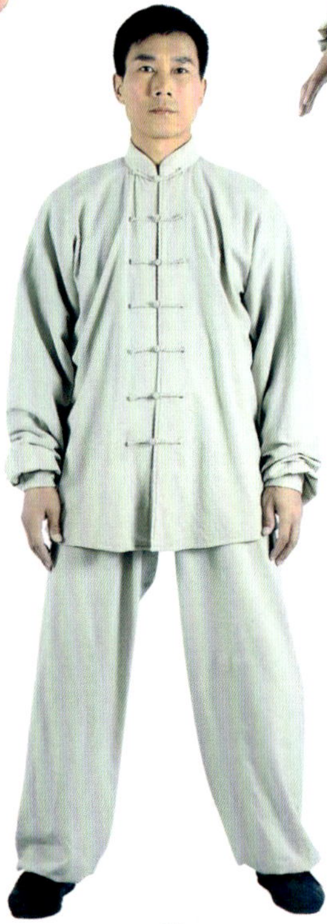

8

身体重心回到双腿之间，检查和调整全身松弛度。

错误动作

[错误原因]

提膝时，重心不稳定，身体摇晃，引起其他肢体用力来保持平衡。

第四章

陈氏太极基本功

无论是太极拳世界冠军，还是太极拳爱好者，都明白一个非常浅显的道理——基础不牢，学拳无效。我们都希望自己更快地掌握太极拳，那就更应该注重这些基础拳式。它们不仅能让我们快速地了解和感知太极拳，还能让我们在今后的练习中获得事半功倍的效果。本章主要讲解 10 种陈氏太极拳基础拳式，分解动作、错误展示和特别提示一应俱全。

太极拳基础入门

千里之行，始于足下。提到基本功，大家都知道它的重要性。在武术领域，无论哪一个派别，都离不开基本功的训练，并且所有的武术教练在教学时都会特别强调基本功的练习。

基本功在各个武术流派里大体相同，但每个流派又有着自身独有的特点。陈氏太极基本功是为了帮助人们快速了解、感知陈氏太极拳，触摸到陈氏太极拳训练的门径而创编的由简到繁的高效动作组合。很多人在练习太极拳的时候，希望找到最适合自己练习功法的捷径，其实通过简单的基本功动作反复练习，让我们逐渐体会和感悟太极拳中蕴含的规律，才是真正的捷径。

任何一个学太极拳的人都应该经过基本功训练这一关。对初学者来说，刻苦练习基本功尤为重要，因为掌握扎实的基本功，对以后学习套路和增长功力来说都非常有帮助。初学者应以基本功训练为主，掌握基本功之后，再开始循序渐进地学习套路和其他功法。自学拳起，无论学到何时，都要每天坚持练习基本功。以后，随着功夫水平的不断增长，可以每天根据学拳者的目的，有选择性、有重点性地进行练习，但有些基本功如站桩、发劲等，每天都要坚持练习。

事实上，基本功能起到事半功倍的良好效果，不仅仅学拳初期要练习基本功，坚持中后期阶段练习，更能获得新的感悟。即使你已经有一定的太极拳练习基础，也应注重基本功的训练，只不过训练的重点不同罢了。

我们可以通过站桩来感受和发现身体、呼吸、丹田、重心和身法，从而更好地调整、调动和运用我们的身体，这是对正确身法的培养和训练。

本套基本功由 10 个动作组成，第 1~4 个动作是对身法和运动规律的训练；第 5~8 个动作是对身法和运动的统一和提高练习，也是陈氏太极拳特征性动作的练习；第 9、10 个动作是对腿部力量、柔韧性、身体平衡力的综合训练。

正确的太极拳运动包含两个方面：正确的身法和运动的正确性。《拳经》上说："太极拳，缠法也。"这也是对陈氏太极拳运动规律简明而又精辟的诠释，所以我们说能遵守太极拳的运动规律即为正确运动。我们在练习下面的基本功时，也应该记住这个运动规律，并且要坚持练习。

陈氏太极拳的基础动作

1 站桩

拳式说明

现在，我们大多数人练习太极拳的目的有两种：一种是保健性，一种是武术性。如果从保健性目的来看，不一定非要练习站桩，我们也可以用站式静功来代替；如果从武术性目的出发，就必须长时间练习站桩。这个动作可以让你感受和发现自己的身体、呼吸、丹田、中定和身心的虚空和谐。

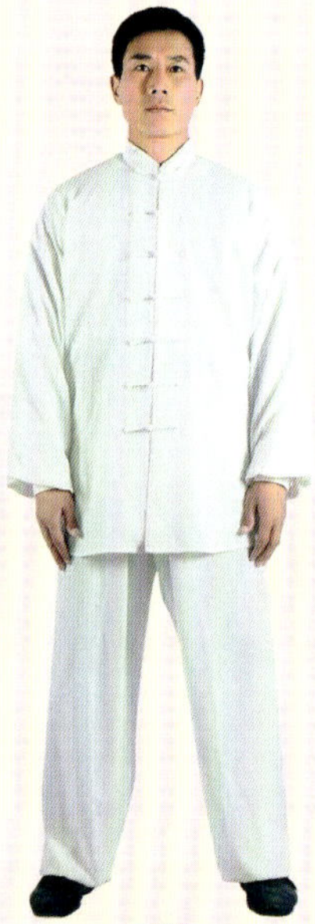

1

分腿站立，双脚打开与肩同宽，双手自然垂放于身体两侧。下颌微收，百会穴领起，身心放松，调整好呼吸，使心气平和。

2

双脚踏实，双手手臂轻轻抬起至与肩部同高的位置。

3

松肩沉肘，屈膝松髋，身体缓缓下沉，双手掌心相对。闭眼，双腿弯曲的同时屈肘，双臂从身体两侧下落至胸、腹前方位置，手臂下落的同时双手掌心变为相对。做此动作的时候，可以想象自己环抱着一个大的圆球。

[侧面动作]

分腿站立，双膝微微弯曲，双手犹如环抱着一个球体。

要点提示

1. 站桩是太极拳中最简单的动作，但也是最基础和重要的动作，是对心、意、气、形的专门训练，是对静、空、顺、松的整体探索。外显安逸，内固精神，不断地调心、调气、调身，外静内动，动静统一，是内家功夫的必修功法。

2. 身体下蹲和手臂松落的高度，应根据自己身体的放松程度而定，腿部受力过大难以放松，感觉影响心跳和呼吸频率，则可以采取高站姿势；肩部太紧，心气难以下降，则采取手臂下落至肚脐以下的轻松高度。

3. 一次完整的站桩练习要有三个阶段：一是静心阶段，心能静则是内在的松；二是调身、调气阶段，使形正气顺，内外合一；三是体会成效阶段，心法及动作要领到位，则能产生正确的效果，顺其自然，享受其中。

建议练习时间：由短至长，每次 5~30 分钟。

2 行步

拳式说明

所谓“行步”，可以看作行走。但太极中的行走最异于平常走路的一点，就是要意气领先，在缓慢进退运动中保持松、静和身体的平稳。所谓“闲来入太极”，就是指以休闲之心、练功之心开始练习太极行走功。

1

双脚打开与肩同宽，由静站动作开始，双臂慢慢抬起至肩部高度。

2

肩、髋、肘、膝同时缓缓松落下降。保持气平、身稳，手肘如图中所示，像环抱着一个圆球。

3

上半身保持不变，提左膝，重心移向右腿，深呼吸，身体放松，保持身体平衡。

4

上半身姿势不变，左腿缓缓向前迈出，左脚脚跟着地。

5

身体前移，重心平稳移向左腿，右腿轻轻提起，左腿微微弯曲，稳住重心，身法的松正与平稳不可受到影响。

6

身体微微向右转，右腿缓缓伸出，右脚脚跟着地，左腿保持微屈状，重心慢慢移向双腿之间。（练习时可以根据场地空间大小，左右交替进行，不限步数。）

7

身体重心移向右腿，左腿轻轻收回并步站立，保持身稳、体松、气平、心静。

8

重心移向左腿，保持身体松稳，先起右脚脚尖，然后右腿慢慢提起并向后轻轻开出，脚尖点地。

9

重心慢慢移向右腿，保持身稳、体松、形正，左脚脚尖先起，然后再慢慢提起左腿并向后轻轻开出。（左右交替进行，不限步数。）

10

重心移向左腿，右脚脚尖翘起，脚跟着地。

11

轻轻收回右腿，并步，动作结束。

错误动作

[错误原因]

往前开步时，依靠身体后仰来维持身体平衡，忘记了姿态的松和正。

[错误原因]

往后撤步时，依靠身体前倾来维持动作平衡，忘记了姿态的松与正。

要点提示

1. 腿部在前进或后退的运动过程中，保持肩、臂、腰、腹、丹田等部位的“松”不受破坏。

2. 无论是开步还是撤步，抬腿提膝的一瞬间，注意身正气平，提膝时很容易造成提气收腹的错误动作。

3. 只要有空间，可以持续上步或者持续退步，如果空间不够，则利用上步、退步来调整空间，循环往复地进行。

3 左右单手缠丝

拳式说明

太极拳，缠法也。在我的记忆里，从小时候开始学拳，师父就教导我，要下苦功练出太极缠丝劲来。练习左右单手缠丝时，我们需要在缓慢的开、展、松、落动作中，感受以丹田为核心、节节贯串的缠丝运动规律和以意行气、以气运身的内外统一关系。

1

右手叉腰，重心偏移至左腿，左臂开张。注意做到全身放松，身体沉稳、端正。

2

左臂轻轻向下松落至肋部，重心不变，双髋和左膝微微松落配合，头部领起，腰部放松，让后背有上领、下垂的对拉感。

3

重心向右腿偏移，身体微微右转，左手随身体转动而向右运行至腹前，掌心向上。

4

身体继续右转，左臂顺势向上、向右缠起，左手掌心朝下，注意左侧肩、肘、膀、背呈一线舒展。

5

右膝慢慢打开，缓缓屈左膝，使重心过渡至左腿，同时身体左转，左肩、左肘开展至左手而回到初始姿态。此动作循环往复做 4~8 次。

6

双脚开立，姿势不变，换成左手叉腰，重心偏移至右腿，右臂开张。注意做到全身放松，身体沉稳、端正。

7

右臂轻轻向下松落至肋部，重心不变，双髋和右膝微微松落配合，头部领起，腰部放松，让后背有上领、下垂的对拉感。

8

重心向左腿偏移，身体微微向左转，右手随身体转动而向左运至腹前，掌心向上。

9

身体继续左转，右臂顺势向上、向左缠起，右手掌心朝下，注意右侧肩、肘、膀、背呈一线舒展。

⑩

缓缓屈右膝，使重心过渡至右腿，同时身体右转，开展右肩、右肘至右手而回到初始姿态。此动作循环往复做 4~8 次。

⑪

双臂缓缓放下，全身松沉、稳定，起身，动作结束。

要点提示

1. 手落，意气随之而落；手至丹田，意气归于丹田。
2. 腰转手起，意气由丹田至命门，然后到达后背。
3. 腰转臂开，意气由后背至肩、肘、手。

建议练习时间：每次 3~10 分钟。

4 双手缠丝

拳式说明

“缠丝劲”的形体训练，是指肢体各部位在太极拳运动中得以按“螺旋形”进行的缠绕锻炼。正如拳谚所云：“外练筋骨皮，内练一口气，腰似蛇形腿似钻，周身运动走螺旋。”双手缠丝时，我们用双手同时运动，可以感受左右阴阳互换的变化关系。

1

分腿开立，双膝微微弯曲，身体重心偏于右腿，双手右上、左下，掌心相对，全身松落、沉稳。

2

下半身姿势不变，身体微向右转，左右双臂维持掌心相对，顺势而翻转变化，形成左上、右下的姿势。

3

腰身向左转动，重心向左移动，双臂随之微微转动而向左运出。

4

身体继续向左转动，左右双臂维持掌心相对，顺势而翻转变化，形成右上、左下的姿势。

5

腰身向右转动，重心向右移动，双臂随之微微转动而向右运出，回到初始姿势，完成此动作的一次循环。

6

身体微向右转，左右双臂维持掌心相对，顺势而翻转变化，形成左上、右下的姿势。

7

腰身向左转动，重心向左偏移，双臂随之微微向左转动。

8

身体继续向左转动，左右双臂保持掌心相对且顺势翻转变化，形成右上、左下的姿势。

9

腰身向右转动，重心向右移动，双臂随之向右慢慢转动，回到初始姿势，完成此动作的二次循环。以此往复，轻轻运动，缓缓放松，如环无端，轻柔随意，外如处子，内如金刚。

10

双手缓缓放下，检查全身，头部领劲儿不丢，腰、臀沉劲儿不僵，中气贯注，身定根稳，关节松活。

要点提示

动作起始，身体微向右转，右手下而左手上时，意气随右手归向丹田的同时，又伴左手起而由后背贯通至左肩臂，一气呵成。

建议练习时间：每次 2~10 分钟。

5《掩手肱拳》

拳式说明

掩手肱拳是太极拳中重要的拳法之一，我们在练习此动作时，应该由慢到快。感受发力时，力起于脚，行于腿，转换于腰，达于拳梢。注意心、意、气、力、形的内外合一和全身的协调。

1

端正站立，双脚打开，比肩稍宽，两臂轻轻抬起至与肩同高，重心落在两脚中间。

2

两手抓握成拳，松肩、落肘至肋部，髋膝微落，同时双拳旋转至拳心朝上。

3

右腿瞬间蹬地，髋、腰、背、臀随身体旋转而旋转，右臂旋转，拳心向下，顺势向前发出，左肘向左后与右拳成对拉状发出。发力之后，全身立刻放松，重心略偏向左腿。

4

双肩放松，肘部回落，重心移回到双腿之间。整理身体，调整松正。

5

左腿瞬间蹬地，髋、腰、背、膀立即随身体向右旋转，左臂旋转，拳心向下，顺势向前发出，右肘向右后与左拳成对拉状发出。发力之后，全身立刻放松，重心略偏向右腿。

6

双肩放松，肘部回落，重心移回到双腿之间。整理身体，调整松正。

7

姿势保持不变，收回左拳，右拳发力击出。

8

重复循环，两肩肘放松回落，重心回到双腿之间。整理身体，调整松正。

9

左腿瞬间蹬地，髋、腰、背、膀立即随身体向右旋转，左臂旋转，拳心向下，顺势向前发出，右肘向右后与左拳成对拉状发出。发力之后，全身立刻放松，重心略偏向右腿。

要点提示

1. 发力是指身体各处自然协调、内外合一的瞬间爆发之力，不可以用僵硬、紧死的拙力。若松整不当，则爆发不好。

2. 训练时先慢练，先求动作松顺协调、不过不丢，再求在高速运转的爆发中动作不过不丢。

3. 一侧发力完成，要重新找回身法，慢慢调整身体后，才可以准备激发另外一侧。

4. 注意动作、呼吸、意念的顺应配合。

建议练习时间：慢练 1~2 分钟，爆发练习左右各 5~10 次。注意两次爆发练习的时间间隔，要整理好身体。意念不可过强，过强则影响身体的协调行动能力，所以有“有意无意是真意”的说法。

错误动作

[错误原因]

腰身直立旋转，而不应该摆动幅度过大。

[错误原因]

腰、髋、背、臀旋转角度不够，拳臂和肩膀应该趋近于一条直线上。

6《青龙出水》

拳式说明

练习这个动作时一定不能使用拙力和蛮力，应该是全身先松沉下来之后，靠全身整体的劲儿用手臂发出，是一个近身的发力动作。主要通过转体绕臂、左转旋臂、撩弹收拳、马步弹拳来完成。

1

分腿开立，左手呈掌形，右手握拳，松肩沉肘，两臂微微环抱，重心偏向左腿，身体略微向右转。

2

身体重心向右腿移动，髋、腰、背、膀随之左旋，右臂、左肘顺势从身体两侧对拉发出。

3

身体再次向左侧旋转，重心保持在右腿，右手变掌，左手变拳，松肩沉肘，两臂微微环抱。

4

重心向左腿移动，髋、腰、背、膀随之右旋，左臂、右肘顺势从身体两侧对拉发出。

错误动作

[错误原因]

发力时应该由下而上，由腿带动腰部旋转，抖发而出，头和身体躯干不可倾斜。

要点提示

1. 松是发力的第一准备，身体上、下、内、外协调而动，不丢、不顶、不凸、不凹，恰到好处为整劲。

2. 注意左、右侧爆发交替间歇，要检查身体的松正、灵活，但又不失整体。

建议练习时间：慢练 1~3 分钟，左右爆发练习各半分钟左右。

7 护心拳

拳式说明

这个动作的名字叫作护心拳，很明显可以看出主要是用于保护胸肋部的。练习这个动作的时候，我们需要体会“用肘不见肘，全靠腰腿抖”的要领。

1

开腿站立，腰身松正，身体微微向右扭转，重心偏向左腿，双拳拳心朝下，右手在上，左手在下，双肩打开，并保持全身关节松活。

2

重心移向右腿（如果发力就快速移动），同时腰身、膀背向左微转。左臂旋转收回，拳心向内；右臂旋转，右肘向前击出后自然收回，拳心向内。

3

重心保持在右腿，腰身松正，身体微微向左扭转，双拳拳心朝下，左拳在上，右拳在下，双肩打开，并保持全身关节松活。

4

重心移向左腿（如果发力就快速移动），同时腰身、膀背向身体右侧微转。右臂旋转收回，拳心向内；左臂旋转，左肘向前击出后自然收回，拳心向内。（左右互换，循环往复，交替练习。）

错误动作

[错误原因]

肘向前伸得过大，导致不能马上放松、收回。练习这个动作时，应该是发力不露形，所以称“发肘不见肘”，整个身形松回至原位的速度要快。

要点提示

1. 肘发力时，意念千万不要专注于肘上，而是要体会腰、裆之劲的旋转、抖发，劲力应顺腰背上传至肩而达于肘部，催动肘顺势发出。

2. 发力之前的准备就是意松、形松，身法稳定，爆发时各关节紧而不收。

建议练习次数：慢练时，左右各打6~10次；快练时，左右各打4~8次。

8 肩靠

拳式说明

“靠”的意思是依靠或依附此处，用身体的大关节及周围部分以内劲靠撞对方。练习这个动作时，应体会在超短距离的情况下如何运用腰、髋的抖动进行发力。

1

双腿前后站立，右前、左后，重心偏于左腿，左手掌心朝向脸部，右手掌心朝上，身法松正，双臂松沉有重感。

2

重心向右移动，腰身随之左转，劲力由下而上，通过后背至右肩，同时注意左臂略微旋转，松落收回。右臂旋转，拳心向后，借助转体，使右肩顺势向前抖击发出（然后回到初始姿态，重复练习 6~10 次）。

3

调换步伐，左前、右后，重心偏向右腿，右手掌心朝向脸部，左手掌心朝后，身法松正，双臂松沉有重感。

4

重心向左移动，腰身随之右转，劲力由下而上，通过后背到达左肩，同时注意右臂略旋转，松落收回。左臂旋转且拳心向后，借助转体，使左肩顺势向前抖击发出（然后回到初始姿态，重复练习 6~10 次）。

错误动作

[错误原因]

身体前倾过度，外形过于显露，失去腰、裆的合力支撑，反而无力。

要点提示

1. 肩部动作不要过大，注意脚下及腿部、腰裆的协调，旋转抖发，意念不在肩部，而在整体。

2. 先是慢练，通过慢练找出身法最为协调合顺的运动幅度，进行反复练习使运动定型，然后逐渐加快动作速度进行练习。

建议练习次数：慢练 6~10 次，然后快练 4~8 次。

9 左右蹬脚

拳式说明

这个动作主要是提高单腿支撑身体平衡时的掌控能力，长期练习还可以增强腿部蹬力。从实战技击上来说，蹬法主要是攻击对方中下盘，以破坏对方的重心为主要目的，蹬劲在脚踝。蹬时要实脚稳踏、松塌裆劲。

1

站立，双脚打开，端正放松，双膝微屈，双臂相合，重心保持在右腿，左脚脚尖点地。

2

右膝保持微屈，左膝上提，同时双手握拳轻轻抬起到胸口位置，注意提膝不提气。松肩沉肘，目视身体左侧出腿方向，后背挺拔，头领身松，保持身体平衡。

左腿与双手同时打开

3

身体重心控制在右腿上，双臂和左腿伴随呼气同时打开，此时右膝可以直立。注意，在发力时加速，快速将双臂、左腿同时发出，并快速放松回落。

4

左腿发力收回后，重心移向左腿，右脚脚尖点地，双手相合。

5

随后右膝上提，双手握拳轻轻抬起到胸口位置，注意提膝不提气。松肩沉肘，目视身体右侧出腿方向，后背挺拔，头领身松，保持身体平衡。

6

站姿不变，换成右腿蹬出，其他要领和第 3 个步骤的左脚蹬腿一样。

7

右腿蹬出后迅速放松、收回，身体恢复端正。然后右脚落地，重心回到右腿，准备再提蹬左腿。如此循环往复，左右交替练习。

错误动作

[错误原因]

支撑腿要全脚掌着地，要稳固有根，脚跟不能向上提起，这样很容易导致重心不稳。

要点提示

遵循由简到繁的步骤，先慢后快、先柔后刚、先低后高地进行训练。慢做不好，不要去求快；柔做不好，不要去求刚；低腿做不好，不要去求高腿。

建议练习时间：整体练习时间约 2 分钟，慢练 1 分钟，再发力练习 1 分钟。发力时在左右换位的间歇中，要调整好身体的松、正、平稳等整体状态。

10 左右擦脚

拳式说明

单腿支撑上踢腿，是对身体平衡能力的掌控和周身上下运动时的协调性，以及腿部后方韧带肌肉伸展性的锻炼。在练习时应注意：起腿而根不浮，腿上踢而丹田气不飘。

1

端正站立，右脚在前，左脚在后。双臂上举于头部前方，双肩开圆，双手有前推、前按防护之势，重心偏向右腿，左脚脚尖点地，准备起左腿。

2

重心全部前移至右腿，左腿顺势上起踢出，左手、左脚自然合击于上方，重脚轻手，以脚的上踢为主。踢完，动作回到初始位置，依然是右脚在前，左脚脚尖点地在后，调整好身体姿势及身法要领，准备再次上踢左腿。如此反复 6~10 次。

3

换成左脚在前，端正站立，重心偏向左腿，右脚脚尖点地，准备起右腿。

[侧面动作]

4

重心全部前移至左腿，右腿顺势上起踢出，右手、右脚自然合击于上方，重脚轻手，以脚的上踢为主。踢完，动作回到初始位置，依然是左脚在前，右脚脚尖点地在后，调整好身体姿势及身法要领，准备再次上踢右腿。如此反复6~10次。

错误动作

[错误原因]

脚尖要往上踢出，而不能上翘钩回。

[错误原因]

手应放在高处不动，用腿往上踢击，而不能用手下压来触探脚。

要点提示

1. 腿部柔韧性不够或者难以踢高的练习者，手的位置可以放低一些，但依旧是重脚而轻手，用腿去贴靠手，不能弯腰用手去打脚。应把手作为一个目标，以脚击之。

2. 注意双肩一定要开圆，起腿不起气、不拔根，不能架肩提气。

3. 动作应先轻柔、简易，等找到动作的协调感之后，再增加起腿的高度、力度和速度。

建议练习时间：2~3 分钟。

第五章

陈氏和谐太极十三式

在当下普遍的快节奏、高压力生活中，太极拳运动更有着不可低估的价值，它有利于练习者养成良好的生活习惯、增强自信、增进健康、缓解精神压力、建立良好的人际关系，从而提高生活质量。本章特别选取传统套路中具有代表性的 13 个动作，既科学合理，又简便易学，并缩短了整个套路的练习时间，便于学练者掌握和练习。

祠祖拳

适宜养生的陈氏和谐太极十三式

“修身、齐家、治国、平天下”，人生的第一件大事，就是对自己身体的修炼。

现代工作生活的紧张、操劳以及不良的生活习惯，让我们的身心长期处于疲惫、透支的状态。周围也有很多因亚健康引起病症的事例，反复困扰着我们。于是我们不得不把眼光从外引向内，去关注和关爱我们生活和事业所依赖的第一基础——身体。

没有时间去学习健身方法，没有时间去锻炼和疗养伤痛，找不到适合自己的锻炼项目，这些也许是束缚我们对身体进行检查和保养的原因。正因如此，我国古老传统文化之精华——太极拳，已经迈向简单简化、去繁存精、科学有效的道路。

陈氏太极拳运动，顺自然、合生理，易于养生。这套太极拳动作之首为预备式——陈氏和谐太极十三式，此式要求垂手、自然直立、全身放松，将思想包袱抛开，将工作劳碌忘却，将心灵解放出来。

心中安静，脑部即可得到良好的放松和休息，提手举足，开始练拳，则一动无有不动，全身骨骼、关节都顺畅，全身筋络也会随着拳路的开展而通畅。

这套陈氏和谐太极十三式，动作简练精到，动静相合，刚柔互变。

在练习这套太极拳时，我们应该注意以意行气，调和气血、滋养脏腑而聚精养神；以气运身，柔和肢节、温润百骸而强筋健骨。

若系统学习整套拳法需要2~4天，完全演练一遍的时间为2~5分钟。本套拳法简单、易学而不失太极精义，快慢相间亦可随心所欲，刚柔并济间展现内外兼修，是对太极拳初学者的首荐功法。

作为缓慢的有氧训练，还可以帮助分解体内多余脂肪。每天练习太极拳，可以将体内多余的水分，连带风湿邪气，一起由毛孔排出，所以肥胖的人坚持足量（半小时以上）练习，可以辅助减肥；另外，若能每天练习3遍太极拳，可使血脉通畅，让人精神饱满、心情舒畅，持之以恒，更能延年益寿。

新手好入门，和谐十三式

1〈预备式〉

①

自然并步，肃穆端庄，调和呼吸，平抚心境，松正无限，心意怡然。

②

髋膝微微弯曲，缓缓下蹲，上半身保持松正不变，丹田、脚跟松重的感觉逐渐明显，身法端庄、松稳。

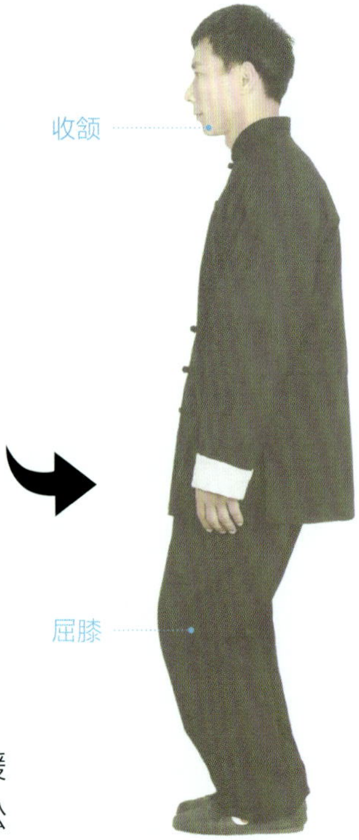

[侧面动作]

3

重心慢慢移向右腿，左脚脚尖轻轻点地，裆部会阴处微微虚开，气沉根稳。

[侧面动作]

4

心如止水，身如山岳，气平不惊，缓缓开出左脚，双脚间距与肩同宽。

5

重心由右移向中间，身体随着移动，双膝慢慢轻起至直立。

6

重心回到中间，身体站直后，双腿再次屈膝、松髋，身体微微下沉，头部虚灵顶劲，躯干含胸、塌腰、垂臀，松肩沉肘。立而不挺，直而不僵，形松根稳。眼帘松落，两眼轻轻闭合，慢慢呼吸，感受身体的放松，调整身体姿势，感受呼吸牵动身体的内部变化，丹田之气饱满充盈。闭目体会1~3分钟。

要点提示

1. 太极拳为内家拳，万法存于心中，所以形为辅，心为主。心能清净，身能舒坦，意能超然，气能腾然。外形的千变万化，都要恭敬于身体内在的心意气力。

2. 做抬腿开步的运动时，如果气不平、形不定、根不稳、身不松，都是失守。所以常讲“守中用中”，即动中守静。

2 ‹ 揽扎衣 ›

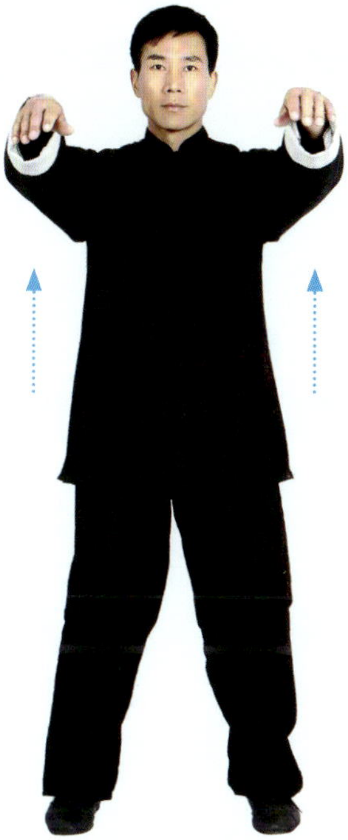

1

接上势，站姿不变，双臂轻轻抬起，与肩同高同宽，肩关节向前、向外舒展，故手臂有向前伸长的感觉。

2

承上势，双肩、双髋、双肘、双膝同时随着呼气缓缓下蹲、下落，双手手指微张，平落于腹前。

3

身体微向左转，重心向右腿轻轻偏移，右臂轻起，左臂外开下按，双手掌心向下，左脚脚跟慢慢抬起。

4

轻抬左脚，向左侧移动一小步，左脚变为脚跟着地，双臂继续轻轻向外舒展。

5

身体重心移向左腿，同时身体向右边转动，左臂向上抬起，右臂向下压，双手掌心翻转向上。右脚脚跟抬起，脚尖点地。

6

双臂继续运动至左上、右下的相合状态，同时右腿轻轻提起，准备开步。

7

右脚向右开步，距离约为一步之宽，右脚脚跟先着地踏稳，身体重心向双腿之间移动，保持身体姿势端正，注意双肩、双髋及后背的放松。

8

身体重心轻轻移向左腿，上半身微微向左转动，右臂翻转缠起，右手掌心向下。

9

重心慢慢移向右腿，身体随之右转，双肩、双肘对应相向打开。

10

左手收回叉腰，右臂展开，身体微向左转而全身松落，双臂松沉而劲力外开，动作呈定势。

错误动作

[错误原因]

开步时，应该用脚跟而非脚尖伸探着地，这样容易导致身体倾斜失势。

要点提示

1. 双臂相合时，注意双肩开圆、松落。
2. 抬腿开步时，身体要先下蹲再开步。
3. 任何时候，都可以用呼气的方式来加强和改进动作的放松程度。

3 ‹ 六封四闭 ›

1

承上势，重心偏向右腿，上虚下实。下盘稳固，身体放松，动作气势饱满。

2

身体微向右转，移动身体重心，左手运至身体右侧与右手合应，左手掌心向上。

3

双手向外翻转，左手掌心向下，右手掌心向外按捋，身体微向左转动，重心向下并向左移动。

4

重心转动到左腿上，身体左转，双手按捋到身体左侧位置。

5

重心轻轻向右移动，身体继续左转，双臂翻转而向上运起，左手掌心向上，右手掌心向左。注意双肩保持放松。

6

腰身向右转，双手松落，收回于胸前，掌心相对，略向外翻。

7

身体重心移向右脚，左脚轻轻跟步，左脚脚尖点地。身体微微下蹲，在身体调整松落的同时呼气。双臂由身体左前方向身体右前方打开。

错误动作

[错误原因]

挑肩架肘，心气上浮，下盘空失。

要点提示

1. 做第 4 个步骤的时候，注意右肩臂不能和身体紧贴，否则会影响身体右侧的松活。

2. 做第 5 个步骤的时候，很多人容易犯错误动作示范中的问题，需谨记。

4《单鞭》

2

身体微向右转，翻转双臂，双手手掌变为掌心相对。

1

承上势。双膝慢慢直立，双臂向右侧推出，注意在推臂时含胸、开肩背。避免挺胸，失去跟劲儿。

3

双臂继续翻转，变为双臂环抱，左手臂在外，右手臂在内，双手掌心向上，右臂收回至胸口。

4

身体微微下蹲，双臂微微下落，身体向右侧转动的同时，转髋、转腰、转肩，双手手指微微内扣。

5

右手变为钩手，两臂顺势向两侧开肩、开肘，同时身体微向左转，后背松正、竖直；身体重心右移，左腿微微提膝，左脚脚跟抬起。

6

身体重心完全移至右腿，右腿保持弯曲，头颈领住，身体放松，左腿保持提起，气守丹田。

7

身体微微下蹲，左脚脚跟贴地，打开左步，落下，身体重心移至双腿之间。

9

重心向左轻轻移动，变成向左弓步的姿势，同时身体向左转动，打开左肩、左臂。

8

身体微向右转，右臂保持不变，左臂顺势翻转、缠起，左手掌心向下。

10

身体微微右转、下沉，双膝同时弯曲，同时呼气，松开双肩、双髋、双臂、双膝。松沉定势，四平八稳，形整势圆。

错误动作

[错误原因]

图中示范为第8个步骤容易出现的问题，重心移向错误以及身体和左臂的翻转不够，导致身体左侧无法放松，动作不能松整、圆满。

[错误原因]

脚尖伸探，身法失跟、失势。

要点提示

1. 注意在做动作时，身体上、下的配合应做到肩与髋、肘与膝、手与脚的外三合，动作就能基本协调、顺随。

2. 动作不妄动，以腰裆、丹田为运动核心，上行至肩、肘、手，下行至髋、膝、踝。

5 云手

1

承上势。体会单鞭一式，气归丹田，充塞周身；垂臀松腰，上下贯通。

2

重心移向左腿，同时身体微微向左转动。右腿收回至点地，同时右手由钩手变掌，走下弧线运至腹前，双臂变为左臂在上、右臂在下。

3

双臂翻转，重心转换至右腿，换左脚脚尖点地，双臂变为右臂在上、左臂在下。

4

身体向右转动，左腿向左开步，双手向身体右侧转动运出。

5

重心缓缓移向左腿，身体微微向左转动，右腿收回点地，双臂翻转成左臂在上、右臂在下，运行至身体左侧。

6

双臂继续翻转，重心转换至右腿，左脚脚尖点地，双臂翻转成右臂在上、左臂在下。

7

左腿向左开步，调整好身体重心，身体向右转动，双手向身体右侧转动运出。

8

重心缓缓移向左腿，身体微向左转动，右腿收回，右脚脚掌点地。双臂翻转成左臂在上、右臂在下的姿势，运转至身体左侧。

9

双臂继续翻转，重心转换到右腿上，左脚脚尖点地，双臂相对，呈右臂在上、左臂在下。

10

左腿向左开步，调整好身体重心，身体向右转动，双手向身体右侧转动运出。

要点提示

1. 收右腿，开左腿，循环 3 次。
2. 收步时，尽量轻巧，保持身不起、气不浮。

6 ‹ 玉女穿梭 ›

1

承上势。姿势松正饱满，注意双肩、背及手臂的开圆呼应。

2

重心左移，左手往下、往左、往上如划弧式打开；右手往外、往下滑落。双手变为掌心朝上。

3

重心移到左腿上，身体微向右转，收右步，右脚脚尖点地，双手保持左上、右下，且顺势相合于胸前。

4

重心由左向右移动，再移向左边。在重心移动的过程中，左脚脚跟外摆，右脚脚跟内转，使身体调整而向右转出，同时双臂在体前由上向下划圆。

5

随着呼气，松肩、沉肘，双臂由上向下松落，全身放松。

6

双脚跳落，双臂随跳落而起落配合。双脚起跳时，右脚先起后落，左脚后起先落。

双脚下落之后，右腿向前跨出一步，右掌同时推出。

双脚内扣，身体微向右转，左腿上前一步，同时推出左掌。

右腿从体后收回到左腿后方，双膝弯曲，身体重心移向左腿。

以双脚脚尖为轴，转动双脚，身体转回。

11

重心移动到右腿上，双臂舒展、开圆，注意全身松沉、稳定。

要点提示

1. 玉女穿梭三步跳跃，放柔、放慢可依次走出，放快则可一气呵成，迅疾三步，一蹴而就。（注：三步跳跃好似一种特殊的三级跳远，是在三跃步中用旋转身体来完成的。在技击上说，他适用于穿出包围圈，是在亦攻亦守的姿势下穿出来的。）

2. 三步跳完至转身回势时，注意全身要快速放松，尤其要保持腰、髋、腿三个部位的下沉，使身法稳定。

错误动作

[错误原因]

身体转动时，腰身失去中轴平衡，上身的摇晃、摆动使身体气浮根飘，失去平衡。髋部和膝关节不能松落，应保持沉稳的状态。

7 ‹ 白鹤亮翅 ›

1

承上势。左手向上翻转、松沉，右手掌心向前，重心保持在右腿上。

2

身体重心移向左腿，随之左手上升，右手松落。

3

重心保持在左腿上，右腿收回并向身体后侧开步，右脚脚尖点地。双臂呈左上、右下的相合运动。

4

右脚放下，重心后移，双臂环抱于胸前，注意双肩放松。

5

身体微微左转，重心移向右腿，右臂向上、左臂向下打开，同时左脚脚尖内扣且脚尖点地，脚跟抬起。

6

右臂继续由下向上划圆，左臂继续由上向下划圆。左脚收回半步，脚跟抬起，脚尖点地后调整全身，肩、髋、肘、膝松落，保持身姿挺拔。

要点提示

动作在分或合时，肩部应一直保持开圆、松活的状态。

错误动作

[错误原因]

双手相合时，双臂紧夹，双肩未能松圆。

[错误原因]

双臂打开时，应该先开肩，而不能先挑肘而形成架肩。

8 左右擦脚

1

承上势。动作保持松正、大方、舒展、挺拔。

2

身体向右转动，双手继续划圆，于体前相合。

3

身体右转之后转向左边，身体重心移动到左腿上，双手翻转为掌心向下，双臂向下、向左按捋，身法略微下沉。

4

身体重心移回右腿上，提左膝，同时左手翻转至身体左侧上方，两手掌心相对，身法独立站稳。

5

右膝微微向下弯曲，身体下沉，左腿落至右腿前方，左手合右手停于胸前。身体重心保持在右腿上。

6

重心慢慢移向左腿，同时双臂翻转向上、撑圆。左手手掌贴住右手手背，放于头顶。

7

重心持稳于左腿，右脚向前、向上踢出，两臂顺势打开。

8

右脚、右手合击于体前，注意右脚脚背绷直，右脚脚尖不要钩起。左脚踏稳，不可拔根。

9

右手与右脚合击之后，随即收回，放下右腿，右脚脚尖点地，两臂保持自然伸开。

10

保持身体重心于左腿，右脚换成脚跟着地，同时双臂下落，两手相合，放于胸前。

11

让身体向右转动，身体重心移向右腿，左脚脚尖转动点地，右脚外摆踏稳。双臂向上翻转、撑圆，左手手掌贴住右手手背，放于头顶。

12

左脚向前、向上踢起，两臂顺势打开，左手与左脚合击。右脚脚掌平踏于地。

13

左手与左脚合击之后，左腿下落收回，脚尖点地，两臂自然伸展，全身放松。

要点提示

1. 起腿时，应控制好身体重心，这样才能保证身体外形摆动的幅度最小。

2. 依据自身身体及生理状况，踢腿高度可以自行调整，不要勉强。不能以起腿高度为要求，应以动作协调、舒展、顺随为目标。

9《右蹬一跟》

1

承上势。双臂舒展，左脚脚尖点地，全身放松、平稳，身体重心保持在右腿上。

2

左脚向外开步，左脚脚跟着地，双臂随之向外略微展开。

3

身体重心移向左腿，右腿随之收回，右脚脚尖点地，双臂放下，相合于腹前。

重心落在左腿上，
右脚脚尖点地

[正面动作]

4

右腿轻轻提起，双手握拳，双臂轻轻抬起至胸前位置。

[正面动作]

5

右腿向右侧蹬出，同时呼气，双臂向外展开。

6

蹬腿之后，右腿随即松落，回到起始位置，右脚脚尖点地，左脚脚跟平踏，双臂握拳放下。

要点提示

1. 合手提膝，右腿准备蹬出前，检查全身是否关节放松、身法稳定。

2. 右腿蹬腿时，保持心气不上浮。蹬腿后，应立刻松髋、松膝，右腿收回、站稳。

10〈披架子〉

1

承上势。双臂落下，注意柔中带刚，肩背开圆。

[侧面动作]

2

调整转动左脚，面向起始方向的右面，右臂、右膝轻轻提起，身体重心落于左腿上。

3

左腿微屈，左臂向上，右臂向下运动，双臂上钩、下砸配合，右膝上顶打开。

4

右脚落下，交换身体重心到右腿上，左脚脚尖点地，双拳变掌，右手在上、左手在下，环抱于体前。

5

左腿向左前方开出，重心微微移向左腿。

6

随之身体略向左转，重心移向左腿的同时，双臂向左右两边打开，呈左手在上、右手在下的姿势。

错误动作

[错误原因]

第3个步骤，双臂呈左上右下式发力时，右膝没有向上顶起。

要点提示

两臂做左钩、右砸的同时，右膝上顶，身体应略微右转，不转则劲力不够威猛，转多了则影响身体平衡。度在何处，唯有多练习揣摩才可掌握。

11 ‹ 掩手肱拳 ›

1

承上势。双臂开圆，左臂在上，左手掌心朝上；右臂在下，右手掌心朝下。

2

提右膝，将身体重心落于左腿上，双手合于身前呈“十”字形。

3

右脚落地，脚步踏稳，交换身体重心于右腿，提左膝，换左脚脚尖点地。

4

左腿向左前方开步，身体重心移动至双腿之间，注意圆裆、圆肩。

5

身体重心向左腿移动，双臂顺势打开，掌心朝下。

6

两臂继续向两侧展开、抬起，身体重心在左腿上。

7

下半身姿势不变，双臂继续展开，由上向下回落，且相合于体前。

8

双臂翻转下落，重心回到右腿上，左手掌心向上，右手由掌变拳，拳心向上。两肘落于两肋部，双肩松开。

[侧面动作]

9

身体重心移向左腿，腰、髋微微左转，双肩顺势左转，左肘、右拳随腰身、膀臂的转动前后顺势发出。

要点提示

拳由心发，心在全身。

错误动作

[错误原因]

拳到身不到，意念专一于拳而忽略了身法的稳定。

12〈金刚捣碓〉

①

承上势。右拳、右肘发出时，周身立即放松，肩、髋、腰、身应自然，快速地松落、回位，身正、根稳、松活如初。

②

身体重心移向右腿，两脚脚尖呈左扣右摆式。身体从左向右转动，双臂向左右两侧打开，呈右高左低式。

③

脸部随身体的右转而转向身体右侧，身体重心移向左腿，两臂翻转呈左高右低式。

4

右腿收回，右脚脚尖点地，两臂相合于胸前，左手手指贴于右手小臂，两臂环合，双肩开圆。

5

右手由掌变拳，向上收回；左掌翻转落下，掌心向上。身体微微下沉。

6

右拳下落于左手掌心，拳掌相合，头领腰松，气归丹田。

7

提右膝，右拳向上举起，身体重心落于左腿之上，注意身法平稳、心气不浮。

要点提示

右拳、右脚震脚落拳时，重心保持在左腿上，意到气到，瞬间用力震下而放松，不可挟力蹬踏而下，持力不松。

8

右拳、右膝同时下落，右拳落于左掌中。右脚脚掌踏稳，踏实着地，两脚与肩同宽，平分身体重心。

错误动作

[错误原因]

身体向左转时，松正不够，忘记头部的领劲儿和腰身的下沉劲儿，造成上身摇晃、摆动。

13 ‹收势›

1

承上势。从头而下，检查全身，松正自然，和合浑然。

2

双臂开落，肩膀浑圆，后背挺拔。

3

两臂继续舒展，轻轻打开。

4

两臂起合于头顶，使劳宫穴对应百会穴，松肩沉肘。

5

双膝微屈，肩、肘回落，双臂松降至胸前位置。

6

双臂继续下落至腹下丹田位置，双肩保持放松。

7

两臂缓慢落下，垂于身体两侧。

8

双膝慢慢伸直，身体缓缓站起，平稳呼吸。

9

身体再次微微下蹲，身体重心移至右腿，左脚脚尖点地，身法端正。

10

左脚轻轻收回并步，重心平分，注意膝盖仍然保持微微弯曲。

11

轻轻起身，全部动作结束。

要点提示

1. 有始有终，收势依然是很重要的动作，应潜心练习，不可忽略。

2. 收势结束后，可原地不动，闭目、静站，放松 1~2 分钟，这样能更好地起到平心静气、恢复身体的作用。

附录Ⅰ

陈氏太极拳传承表

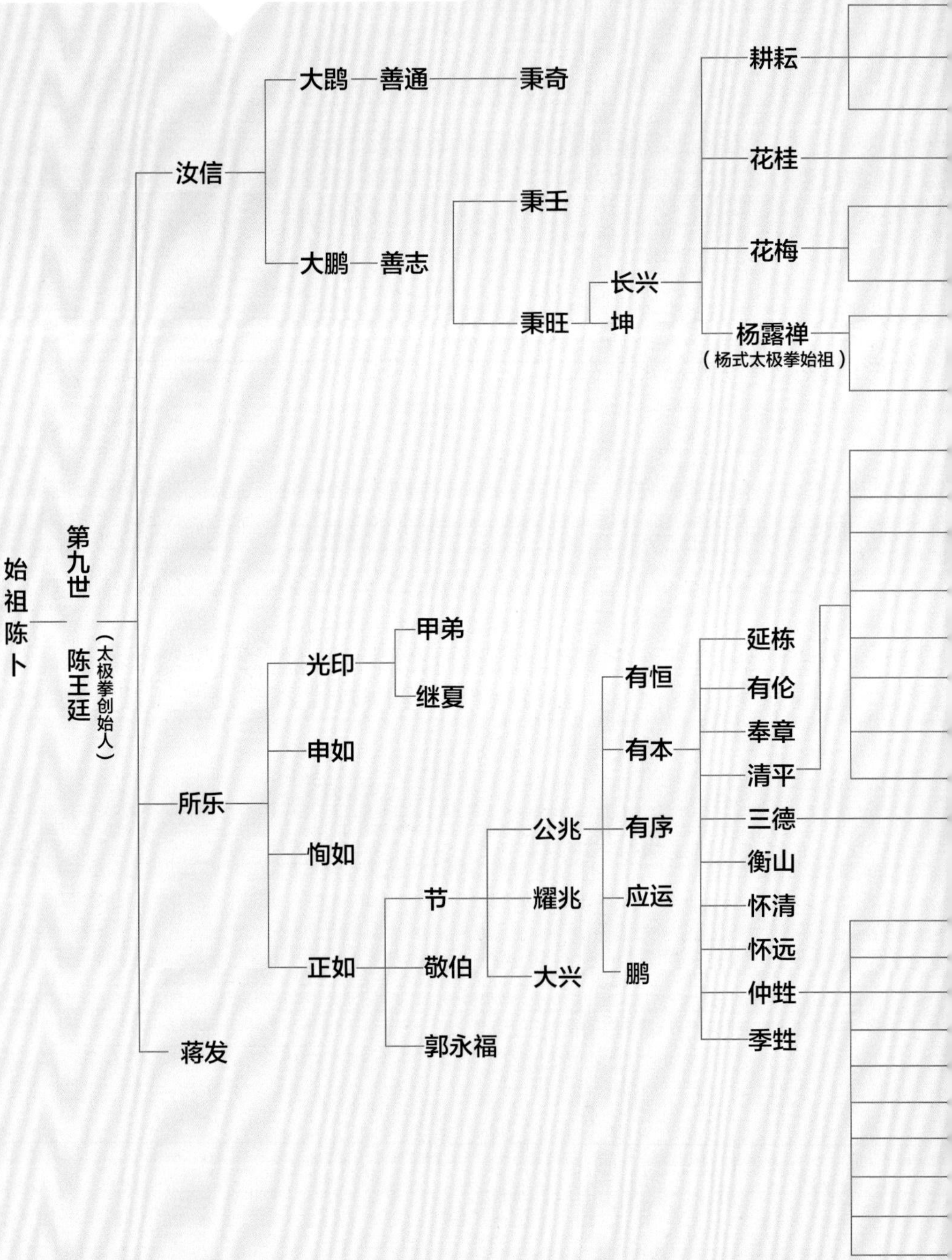

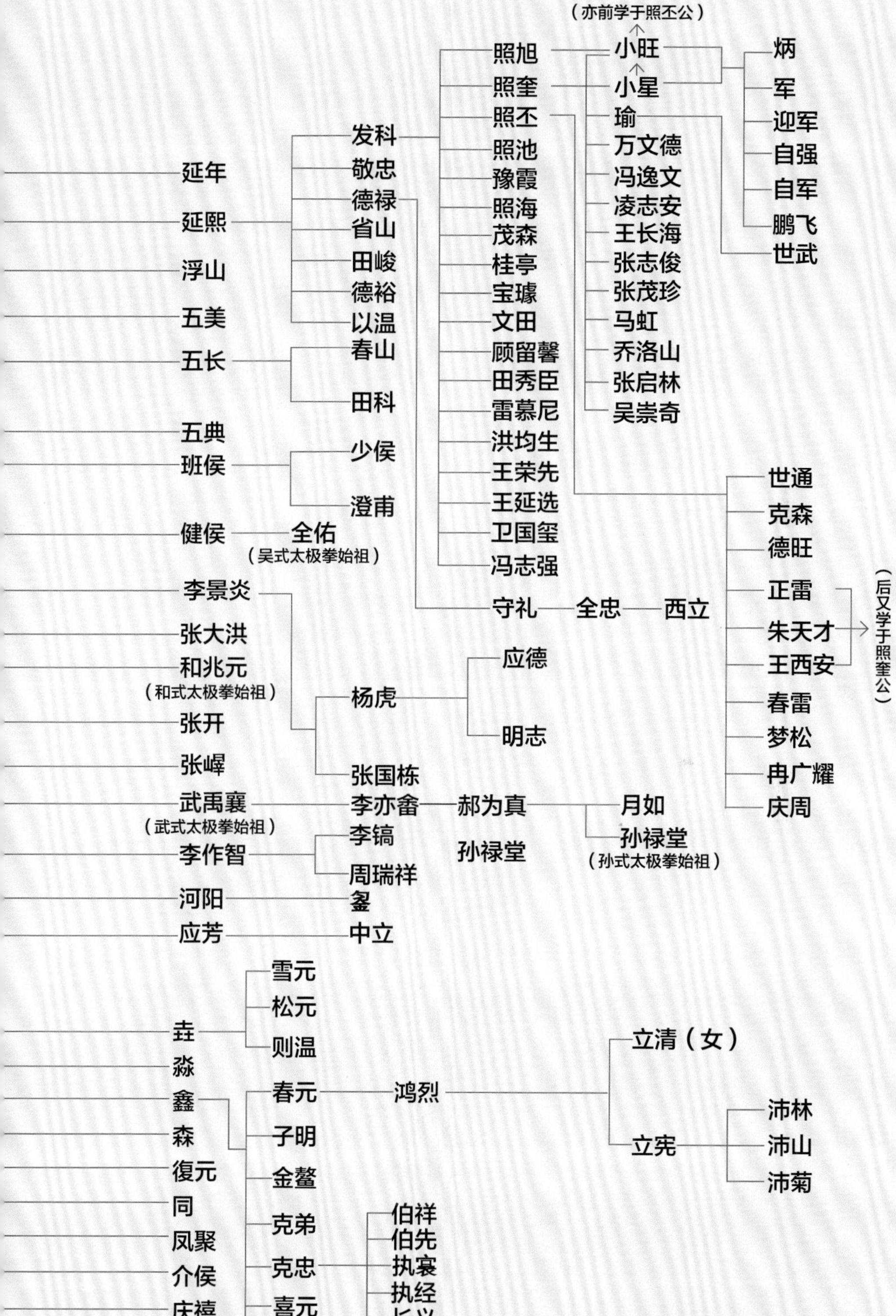

注：限于篇幅，在此向未列入者致歉。

附录Ⅱ

陈氏和谐太极十三式整体演练示意图

第1式

预备式

第2式

揽扎衣

第3式

六封四闭

第4式

单鞭

第5式

云手

第6式

玉女穿梭

第7式

白鹤亮翅

第8式

左右擦脚

（右）

（左）

第9式

右蹬一跟

第10式
披架子

第11式
掩手肱拳

第12式

金刚捣碓

第13式

收势